SARITA VARANIS ORTEGA

HOSPITAL
financeiro

Educação financeira para médicos
e profissionais de saúde

2ª Edição

HOSPITAL FINANCEIRO

Educação Financeira Para Médicos e Profissionais de Saúde

2º Edição

SARITA VARANIS ORTEGA

CASA DO ESCRITOR

Rio de Janeiro
2020

Hospital Financeiro
Educação financeira para médicos e profissionais de saúde
de **Sarita Varanis Ortega**

Editor
Eldes Saullo

Consultoria e Projeto Gráfico
Casa do Escritor

Dados Internacionais de Catalogação na Publicação (CIP)

O77h Ortega, Sarita Varanis
Hospital Financeiro - Educação financeira para médicos e
profissionais de saúde / Sarita Varanis Ortega – Rio de Janeiro-RJ–
2ª Edição: Publicação Independente / Casa do Escritor, 2020.

1. Finanças 2.Medicina I. Título.

CDU: 336

ISBN: 979-8681853114

Sumário

INTRODUÇÃO

Você já pensou em economizar, organizar suas finanças pessoais, ter uma reserva financeira e alcançar a sua Liberdade Financeira, de modo a poder escolher o que fazer, quando fazer, sem depender de seu salário?

O fato de você estar lendo este livro demonstra o seu interesse em sair desse ciclo de escravidão: trabalhar- receber salário – consumir - contrair dívidas - trabalhar para pagá-las - consumir mais e mais.

Algumas pessoas já alcançaram a Liberdade Financeira, alguns sonham com esse objetivo, mas não realizam nenhuma ação efetiva rumo à concretização dessa conquista. Outros pensam não ser possível alcançar a Liberdade Financeira por focarem em suas limitações. Há ainda os que, anestesiados pela vida de obrigações e privações, nem sequer pensam no assunto.

A ideia central deste livro é fornecer aos profissionais de saúde conceitos e ferramentas da educação financeira, explicitando quais os princípios das decisões financeiras, a apreensão da atual situação financeira e dos caminhos possíveis para a liberdade financeira.

O objetivo maior é sensibilizá-lo para uma mudança de atitude: você deverá tomar as rédeas de sua vida financeira e tornar-se 100% responsável por suas finanças. Desejo que este livro desperte em você: uma vontade crescente de manter suas finanças organizadas e que o auxilie a reservar continuamente um montante para aplicação e manter acesa a chama para conquistar a sua Liberdade Financeira.

Com a conquista da Liberdade Financeira, você passará a dedicar tempo a coisas realmente significativas em sua vida e trabalhará de modo mais confortável; terá a liberdade de fazer o que você quiser, quando você quiser, sem depender de um emprego fixo para arcar com suas despesas gerais; descobrirá qual é o seu propósito e sentir-se-á feliz; resgatará seus sonhos e ideais – sentir-se-á pleno; poderá manifestar a abundância em todas as áreas de sua vida; entenderá que a prosperidade é um estado emocional avançado; compreenderá que a prosperidade real, pura e simples é um estado espiritual de sabedoria; transformará o seu *Mindset*, fará o que você ama fazer e pensará em servir às pessoas que estão à sua volta.

O livro foi dividido em **Nove Capítulos** descritos a seguir:

Capítulo I: A Educação Financeira e o histórico de vida financeira.

Capítulo II: A situação financeira atual.

Capítulo III: "Quão longe você deseja ir?" - seus objetivos financeiros.

Capítulo IV: Realizando um Orçamento Pessoal ou Familiar.

Capítulo V: A Neuroeconomia e a economia comportamental nos processos de decisão financeira

Capítulo VI: Dívida que Não te Quero Vívida.

Capítulo VII: Os produtos financeiros e as estratégias de investimento.

Capítulo VIII: Desafios da atualidade: a Telemedicina e a presença do Médico nas Redes Sociais.

Capítulo IX: Empreendedorismo na saúde

Este é o propósito deste livro: discorrer a respeito da importância da Educação Financeira para médicos e demais profissionais de saúde, de modo que estes, ao iniciarem suas vidas profissionais, estejam atentos à importância de reservar uma parte do seu salário para construir uma reserva de emergência, conscientizar em relação ao efeito nefasto do uso de crédito de forma irresponsável, fugir de dívidas e seguir em busca da liberdade financeira. E aos colegas que estão na iminência de se aposentar, me dirijo de modo mais enfático, pois estes certamente necessitam ainda mais de Educação Financeira.

Se, ao terminar a leitura, você tiver compreendido a importância de um controle financeiro de modo a não viver no piloto-automático do consumo e indisciplina e de galgar mês a mês a trilha da "Liberdade", então, o meu propósito de compartilhar Educação Financeira ter-se-á realizado.

E o que eu desejo de coração é que você seja realmente feliz nessa empreitada. Esteja pronto para uma transformação em todas as áreas de sua vida.

Capítulo I
A Educação Financeira e o Histórico de Vida Financeira

Este livro é fruto de uma vivência de mais de vinte anos em investimentos. Mas por que uma médica teria a ideia de escrever um livro de Educação Financeira?

O que motiva qualquer profissional de saúde a escolher a sua profissão, sem dúvida alguma, são a compaixão e o cuidado. Não há como permanecer nessa área se não tiver como foco o cuidado com o outro. É essa a motivação que sustenta e recompensa os profissionais que passam noites sem dormir, feriados e finais de semana no exercício de sua profissão.

A despeito do imaginário de quem não é médico e enxerga como ricos todos que se vestem de branco, sabemos que a maioria de nós tem uma jornada exaustiva de trabalho, insônia, estresse e pouca habilidade com as finanças. É aquele velho chavão de "Medicina é sacerdócio". Não, não é sacerdócio, é uma profissão maravilhosa, mas o médico precisa olhar também para si próprio, cuidar da sua alimentação e saúde, prover suas necessidades de segurança, carinho e espiritualidade, além é claro, da sua prosperidade.

Ter-se-á que ultrapassar a dicotomia entre Medicina e prosperidade. O médico é um ser que tem por vocação o cuidado com o outro, e deve estender esse mesmo olhar benevolente para si próprio e planejar, e não postergar, uma vida plena e de abundância.

Durante minha infância e minha adolescência eu tinha um rígido controle sobre a minha mesada. Eu era capaz de guardar dinheiro o ano inteiro, ao contrário dos meus irmãos, que gastavam imediatamente tudo o que lhes chegava às mãos. Eu realmente gostava de ver aquele montante crescendo e depois poder adquirir algo de valor. Além disso, meus pais costumavam realizar uma planilha de gastos mensais e uma lista de compras onde comparavam os preços das mercadorias em pelo menos três supermercados. Calculavam o quanto economizavam comparando estes preços. Isso me serviu de exemplo vida a fora.

Já na época da faculdade, minha mesada aumentou, mas eu fazia questão de anotar meus gastos minuciosamente e prestar contas à minha mãe, que era quem me fornecia o dinheiro para me manter na capital e estudar em uma universidade federal. Minha mãe dizia não ser necessário eu anotar até mesmo os centavos gastos! Nos últimos anos de faculdade eu consegui dar aulas em um cursinho e isso possibilitou depositar meu dinheiro em uma poupança.

Durante a residência de pediatria eu recebia um salário razoável para quem estava iniciando e, vez por outra, conseguia um plantão extra para complementar a renda mensal. Mas aí, meus gastos foram aumentando exponencialmente. Eu tinha de pagar o aluguel de um apartamento, pagar condomínio, água, energia elétrica, as compras do mês, o imposto de renda, etc. E então, apesar de minha renda ter aumentado, já não estava sendo suficiente. E eu me deslumbrei com o poder de consumo!

Após o término da residência, o salário aumentou mais um pouco. E veio a "necessidade imperiosa" de ter um carro (financiado é claro!), de morar em um apartamento ainda melhor e mobiliá-lo de acordo com o meu novo *status quo*. Os gastos mensais nunca mais foram os mesmos, se comparados à época das "vacas magras", como eu costumava dizer.

Convivi com uma oscilação muito grande das minhas finanças pessoais durante dez anos seguidos, o que equivale a dizer que ora eu tinha um dinheiro razoável na poupança, ora estava utilizando o cheque especial. Eu agora tinha descoberto o crédito, suas facilidades e suas armadilhas: tinha acesso ao cheque, com limite no cheque especial e também cartão de crédito. Isto me conduziu a uma constatação inquietante: eu ganhava um bom salário, comprava compulsivamente, não tinha um bom controle sobre meus gastos, economizava pouco e, vez por outra, fazia algum investimento. E como conhecia pouco sobre investimento, muitas vezes estes, ao invés de gerarem uma boa rentabilidade, davam-me prejuízo (sem que eu nem percebesse)!

Quando me deparei com a situação de estar utilizando todo mês o cheque especial e o limite do cartão de crédito, optei por cancelar o cheque especial. Logo, não tinha mais o limite do cheque para utilizar e voltei a gastar o que eu podia com o meu salário. Desta forma, em pouco tempo, começou a "sobrar" dinheiro novamente. Iniciei uma caderneta de poupança e quando consegui o equivalente a uns R$ 50 mil, apliquei em um título de renda fixa, com ótima rentabilidade, de modo que em 2001 eu pude comprar meu primeiro apartamento no Rio de Janeiro e à vista!

Mas aí você pode pensar: "Que bom, ela aprendeu o caminho das pedras e agora vai economizar mais e vai se tornar milionária"... Lógico que não! Continuei a comprar compulsivamente, acumular inúmeros objetos inúteis, fazer viagens maravilhosas e novamente oscilei entre ter uma reserva e utilizar os limites de crédito disponíveis.

E aqui vale uma ressalva: não basta apenas você ter o desejo de economizar e investir. Você precisa tomar consciência a respeito do propósito do dinheiro e compreender que o maior valor que você pode desejar com relação a ele é a sua liberdade financeira, é você verdadeiramente não depender dele. Você deve fazer com que o dinheiro trabalhe para você, que ele gere renda e lhe dê segurança e não ficar o tempo todo correndo atrás dele para pagar as contas de um consumo inútil.

Viver em meio a uma sociedade consumista e elitista leva à ilusão de que vale a pena ceder aos inúmeros apelos para que se tenha o carro do ano, as roupas de marca, a bolsa de R$ 20 mil o *Smartphone* de última geração, as viagens sensacionais (agora facilitadas por parcelas infindáveis), os restaurantes mais tops, etc. Mas pense bem na futilidade disso tudo. Ao amadurecer, dá-se conta de quão efêmera é a vida e de quão sem sentido é viver, dia após dia, satisfazendo desejos que logo se esvaem dando lugar a novos, vorazes e intermináveis desejos. Sim, a vida é bem mais do que isso! E aí está o ponto fundamental: chegar a um equilíbrio, onde você possa ter qualidade de vida, satisfazer às suas necessidades, ser feliz e ter liberdade financeira.

Como você pode observar, a minha vida financeira é marcada por altos e baixos, com muitos equívocos no que diz respeito ao trato com o dinheiro. E isso reflete a minha condição de médica pertencente a uma classe média que não tem acesso à Educação Financeira. E qual a importância da Educação Financeira? Através dela eu consegui compreender que dinheiro é emocional, que a maioria das compras é realizada por impulso, que devo equilibrar meus ganhos e meus gastos, evitar o uso irresponsável do crédito e investir sempre. Enfim, fazer o dinheiro trabalhar para mim e não ser escrava dele ou trabalhar por ele.

Veja a definição de **Educação Financeira** na *Wikipedia*:

"A Educação Financeira tem por propósito auxiliar os consumidores na administração dos seus rendimentos, nas suas decisões de poupança e investimento, consumir de forma consciente e ajudar a prevenir situações de fraude". Esta educação ganha importância com o aumento progressivo da complexidade dos mercados financeiros e produtos financeiros, e de mudanças demográficas, econômicas e políticas.

(...)

"A Educação Financeira surge como resposta para orientar a tomada de decisões, informando sobre os serviços financeiros ofertados, sobre necessidades e desejos de consumo, de necessidades de poupança, financiamento e juros, investimentos e rendimentos. Pode ser entendida como o conjunto de informações que auxilia as pessoas a lidarem com a sua renda, com a gestão do dinheiro, com gastos e empréstimos monetários, poupança e investimentos de curto e longo prazo".

História era uma de minhas matérias preferidas no Ensino Médio. A despeito de eu ter escolhido a Medicina (minha eterna paixão), a História continuou me acompanhando e fornecendo subsídio crítico ao meu estar-no-mundo. Mundo este no qual as mudanças ocorrem a uma velocidade sem precedentes na evolução da humanidade, onde dois fenômenos se sobressaem: a globalização, que provoca mudanças em todos os setores da vida social, na economia, na política, na cultura e nas relações de trabalho, impactando vidas e transformando as relações sociais; e o surgimento de novas tecnologias, no campo das telecomunicações e da informática, viabilizando comunicação e interação instantâneas entre pessoas do mundo todo. E você acredita que poderá continuar mantendo o mesmo padrão de consumo e a mesma mentalidade financeira em um mundo cada vez mais competitivo e excludente?

Desse meu interesse por História, surgiu a ideia de fazer um "levantamento histórico" da minha vida financeira. E esse foi um trabalho minucioso, realizado durante algumas semanas, na tentativa de reconstruir minha trajetória financeira, de modo a coligar esse processo à luz dos conhecimentos financeiros adquiridos. Coloquei como ponto de partida a idade de 10 anos, quando eu já recebia mesada e pontuei a trajetória a cada cinco anos, procurando compreender como eu me encontrava financeiramente, se sobrava dinheiro ou se eu tinha dívidas, qual era meu padrão de consumo, se eu tinha bens ou não, em que época eu tive perdas financeiras e por quê. Através desse exercício concluí que em todos os pontos críticos havia sempre a mesma conjuntura: consumo compulsivo, gastos que excediam a receita, uso irresponsável de crédito e uma ilusão de que tudo se resolveria como em um passe de mágica.

Após essa tarefa, resolvi montar uma linha do tempo das minhas finanças. E o resultado ficou impressionante. Consegui visualizar a minha trajetória em apenas um lance de olhar. *Eureca!* Eu sabia agora quem eu era em termos de mentalidade financeira. Eu reproduzia a mentalidade da classe média, que busca conforto e status, e se preocupa apenas em ter o suficiente para as suas despesas mensais, sem nenhum planejamento para o futuro. O meu histórico financeiro reflete a concepção da classe média com relação ao uso do dinheiro, com uma sanha imediatista de usar o dinheiro apenas para pagar seu conforto e prazer momentâneo.

Faça esse exercício você também e conheça a si mesmo. Vale a pena!

Histórico de Vida Financeira

Idade	Situação financeira
Aos 10 anos	
Aos 15 anos	
Aos 20 anos	
Aos 25 anos	
Aos 30 anos	
Aos 35 anos	
Aos 40 anos	
Aos 45 anos	
Aos 50 anos	
Aos 55 anos	
Aos 60 anos	
Aos 65 anos	
Aos 70 anos	
Aos 75 anos	
Aos 80 anos	

Desenhe a Linha do tempo de sua vida financeira e identifique a sua mentalidade financeira.

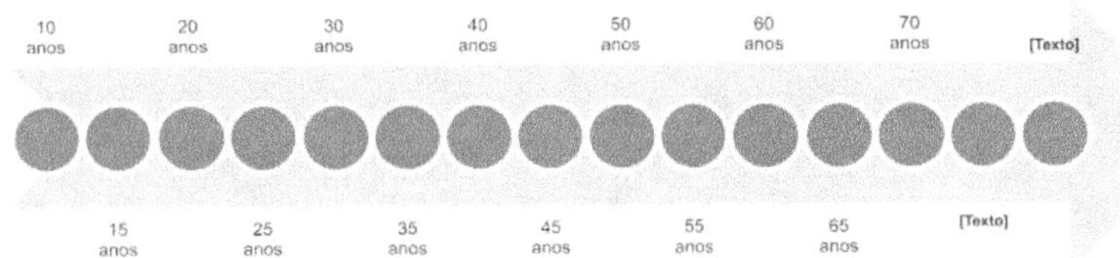

E se você pensa que só você conhece o seu histórico financeiro, saiba que não é bem assim. Há empresas que criam um dossiê de crédito a partir de informações enviadas por bancos, lojas de departamento e outras fontes de empréstimo. Através dessas fontes conhecem o seu perfil de consumo, seus limites de crédito e seu histórico de pagamentos.

No Brasil, essas informações são geradas pela Boa Vista SCPC, criada desde 2010 para administrar o Serviço Central de Proteção ao Crédito (SCPC), informando a respeito de inadimplência de pessoa jurídica e pessoa física. A ideia é tornar mais segura a negociação de crédito entre as empresas e o consumidor. Para isso, imputa uma pontuação que pode ser utilizada para determinar a taxa de juros de um empréstimo, por exemplo. Quanto maior a pontuação, maior seu poder de negociação e melhores as condições de crédito para você.

Idealmente o valor total de suas dívidas não deveria passar de 30% de seu limite de crédito. Se você se aproxima dos 50% desse limite, oferece risco maior de inadimplência às instituições que oferecem crédito.

A Influência da Mentalidade Financeira no Sucesso Financeiro

Um dos fatores fundamentais para o sucesso financeiro é a mentalidade financeira, ou ainda, o modelo mental de dinheiro, o que você pensa a respeito dele e das pessoas que o possuem.

A organização financeira entre os profissionais de saúde é algo controverso e desastroso. A cultura corrente coloca que médico e finanças não combinam. E em parte esta afirmativa é verdadeira, visto a cultura imediatista ligada ao trabalho médico.

Os profissionais de Medicina têm o hábito de pensar e concluir muito rapidamente, pois o diagnóstico rápido é necessário nas emergências, com o intuito de salvar vidas. A cultura médica é imediatista e imprime este ritmo em suas finanças. Ao analisar os investimentos disponíveis no mercado, analisa rápido. Ao refinanciar uma dívida, não perde tempo pesquisando alternativas de crédito com juros menores. E esse imediatismo nas finanças se transforma em pesadelo no orçamento, podendo comprometer o seu patrimônio.

O profissional da saúde tem um tempo de formação longo. Para os médicos são seis anos de faculdade e depois mais três anos de especialização. Portanto, estamos falando de nove anos para a formação de um médico especialista. Só então o médico irá usufruir de sua renda e começará a receber altos salários.

Sem a Educação Financeira e com a mentalidade de já ter se privado das benesses da vida por longo tempo em virtude de uma exaustiva dedicação aos estudos, passa a gastar com "mimos" para si mesmo com a justificativa de "eu mereço" ou "eu ganho para isso". Assim, passa até a gastar mais do que recebe. O pensamento comum é arrumar outra fonte de renda, como incorporar mais um plantão ou arrumar outro emprego para aumentar a renda.

Dessa forma, passa a trabalhar no intuito de aumentar a renda de modo a cobrir os seus gastos. Mantém o patamar dos gastos (quando não os aumenta), necessitando sempre trabalhar mais. Faz uma viagem, utiliza o crédito do cartão de crédito e do cheque especial e, no retorno da viagem, faz uns plantões extras para pagar o crédito. Não planeja nada. Não pensa em segurança financeira, previdência privada, em reserva financeira ou em um planejamento financeiro para aquisição de bens. Liberdade financeira então, nem em sonho, pois desconhece o conceito.

Aqui, cabe uma observação: o consumo escraviza. Você precisa trabalhar mais para pagar um consumo frívolo! Por quanto tempo? Uma vida inteira escravo do dinheiro e desperdiçando vida. A mentalidade corrente é a de que se deve viver o agora e que não se deve privar do que é bom, a despeito de utilizar crédito fácil com juros extorsivos. Lembrando Nélson Rodrigues: "O homem só é feliz pelo supérfluo. No comunismo, só se tem o essencial. Que coisa abominável e ridícula!" Parece que muitos colegas incorporam essa máxima e sucumbem às frivolidades de uma vida sem propósito.

Para transformar essa realidade e construir uma nova mentalidade financeira é preciso compreender que a riqueza não é gerada pelo aumento dos rendimentos, não se traduz por consumo de bens supérfluos e prescinde de controle das despesas e equilíbrio.

E não basta você descobrir o seu sistema de crenças em relação ao dinheiro e transmutá-lo. Não se trata apenas de deixar de pensar "o dinheiro é ruim e não traz felicidade" e repetir "dinheiro é muito bom, manda buscar felicidade". Vai além: é mudar radicalmente a sua visão sobre o dinheiro e o propósito da riqueza em sua existência.

A riqueza não é boa ou ruim, mas o uso que você faz dela potencializa o seu caráter. Se você é uma pessoa mesquinha, a riqueza fará com que as pessoas percebam isso imediatamente. Ao contrário, se você é generoso, a riqueza irá se manifestar através da sua generosidade. Se a avareza é uma marca registrada sua, a riqueza irá potencializá-la.

A pessoa com mentalidade de abundância introjeta a crença de ser merecedora de dinheiro abundante. O foco dela é a abundância e não a falta de dinheiro e busca a liberdade financeira. Admira pessoas prósperas e as toma como exemplo. Pensa em ativos que geram renda, fala sobre seus bens e seus negócios e estimulam outras pessoas a prosperarem. A abundância se manifesta em sua vida se você acredita que tem direito a ela. Há que se ter uma mentalidade próspera para se ter abundância.

A pessoa de classe média contenta-se em receber um salário e pagar por conforto e status. O tema das conversas de um sujeito de classe média gira em torno do salário que recebe e os bens de consumo: o último *Smartphone* lançado no mercado, o carro do ano, o relógio de R$ 5 mil, a bolsa de marca, tudo o que pode associar a sua imagem aos bens de consumo da classe rica. E ora, direis: "Não, não há inveja nisso. É meramente um direito democrático (chique, hein?) de ter acesso a produtos de qualidade. Somos todos iguais e também temos direito". E assim, adquire esses "brinquedinhos" de gente grande através de crédito, pagando juros de 15% ao mês. Não obstante, associa a riqueza a um golpe de sorte ou de esperteza e corrupção e acaba pagando um preço alto para reproduzir o *"status quo"* do rico.

A mentalidade financeira de escassez tem por foco a sobrevivência. Precisa se alimentar para continuar vivo. É comum a frase: "Viver é um milagre de Deus". Precisa de dinheiro para pagar as contas no fim do mês. Essas pessoas comumente não acreditam serem merecedoras da riqueza. E têm uma postura resiliente que se reflete na frase "Deus proverá". A aspereza da luta por sobrevivência dificulta o acesso às oportunidades de crescimento, de reconhecer o próprio valor e utilizar todo o seu potencial.

Pessoas com mentalidade de abundância pensam de forma diferente dos indivíduos que vivem na escassez e têm uma visão mais ampla sobre múltiplas fontes de renda. Pessoas prósperas têm uma visão crítica, com capacidade de vislumbrar e antever as coisas, sonhar com o que é possível, focar nas oportunidades e não se detém frente a obstáculos temporários; corre risco calculado, é disciplinado e persistente, enfrenta o medo (nas palavras de Anthony Robbins: *"Embrace your fear"*, que significa "Abrace seu medo"); faz acontecer, encara desafios, foca a excelência pautada em experiência e conhecimento técnico, busca aperfeiçoamento constante, investe em si mesmo e destaca-se na multidão; tem controle sobre sua vida financeira, compreende que é 100% responsável pelo próprio sucesso e é um ultrapassador de limites. Nas palavras de T. Harv Eker: *"Eu crio a minha vida"*.

Mas como modificar a mentalidade financeira? Como criar novas sinapses, gerando engramas que possibilitem uma permanente mentalidade financeira de abundância? Parte da estratégia é o conhecimento, mas o essencial é a prática. Em outras palavras, não basta ler o caminho (buscar conhecimentos nos livros), mas é caminhando, fazendo, ou melhor, investindo, que se aprende e se adquire, através da experiência, a segurança para investir.

Muitas pessoas permanecem inertes, focadas nas agruras do dia a dia, trabalhando loucamente para pagar as contas geradas pelo consumo, com medo de fazer diferente, com lassidão de estudar novos conceitos de investimento e vislumbrar novas fontes de renda.

Portanto, se quer prosperar, seja autêntico, diferencie-se da multidão. Seja visionário, tenha coragem, amplie seus horizontes. Pense grande, sonhe e deixe seu inconsciente aceitar a abundância em sua vida, sinta-se merecedor. E faça acontecer!

Mas você não deve caminhar sozinho, deve buscar parceiros, pessoas que também têm o mesmo interesse, a mesma mentalidade. Somos diretamente influenciados pelo meio onde vivemos e pelas opiniões, pontos de vistas e atitudes das pessoas que estão inseridas nesse meio. Procure conviver com pessoas que possam te impulsionar ao objetivo.

Um bom exercício consiste em fazer uma lista das pessoas com as quais você mais convive e identificar as influências destas sobre você do ponto de vista profissional, intelectual e espiritual. Procure passar o máximo de tempo com quem eleva o seu potencial, possui conteúdo e pode ser aliado positivo no aprendizado de uma mentalidade de abundância. Pessoas de sucesso convivem com pessoas que possuem a mesma mentalidade de sucesso. Nas palavras de Jim Rohn: "Você é a média das cinco pessoas com as quais passa a maior parte do seu tempo". Essas pessoas formarão uma rede de contatos de sucesso, provendo inspiração e desafios.

Ainda citando Jim Rohn: "Não se junte à multidão. Vá onde as expectativas e demandas por desempenho e conquistas são altas". Opte em passar mais tempo com pessoas que estejam alinhadas com as suas metas, que irradiem alegria de viver e tenham propósito e motivação, pois isso irá contagiá-lo e dará a você um imenso poder. Estar na companhia de mentores e pessoas mais experientes poderá contribuir para você alcançar o seu próximo nível. Mantenha o espírito de eterno aprendiz. Essa atitude pode ser significativa na conquista de seus sonhos.

As Crenças e a Realização Financeira

Recomendo que inicie uma jornada de autoconhecimento, pois para você planejar a sua meta financeira deverá compreender:

- Quais são os seus pontos fortes; quais as suas crenças fortalecedoras e crenças limitantes;

- O que é verdadeiramente importante para você;

- O que faz você se sentir feliz e realizado e quais os seus "mais altos fins na existência".

O Sistema de Crenças é tudo aquilo que se acredita ser verdadeiro. As convicções têm o poder de criar ou destruir. Quando você acredita em algo, o cérebro irá procurar referências para confirmar esta convicção. Muitas crenças são inconscientes, você não sabe nem por que as tem.

Descrevo abaixo dez crenças negativas com relação ao dinheiro que podem facilmente ser encontradas:

1. Dinheiro é sujo;
2. Tem que trabalhar duro pra ganhar dinheiro;
3. Dinheiro não traz felicidade;
4. Dinheiro é um mal necessário;
5. Não se pode ser rico e **espiritual**;
6. Não posso ganhar mais dinheiro que os meus pais (ou meu marido);
7. Só tem dinheiro quem trabalha muito;
8. Eu não mereço ter muito dinheiro;
9. Ser rico não é pra todo mundo;
10. O governo é o culpado por minha situação financeira.

Observe como fica diferente quando você foca nas crenças positivas e fortalecedoras com relação ao dinheiro:

1. O dinheiro propicia os recursos para ajudar as pessoas à minha volta;
2. Ser rico é uma bênção;
3. Há abundância de dinheiro para todos;
4. Eu mereço completa riqueza e prosperidade;
5. Eu tenho o que é preciso para criar minha própria sorte e a riqueza que desejo;
6. Ter muito dinheiro me permite espalhar bondade e generosidade;
7. Sou plenamente capaz de lidar com minhas finanças e com o sucesso para alcançar a riqueza;
8. Quando eu seguir minha paixão, ficar rico não será problema;
9. Eu sei que vou me tornar um milionário;
10. Ser rico terá um impacto positivo em todas as áreas da minha vida.

Se você pretende identificar e ressignificar as crenças limitadoras que o cerceiam, o primeiro passo será descobrir quais delas fazem parte do seu Sistema de Crenças. Examine se teve contato com essas crenças na infância, se cresceu ouvindo essa frase de algum familiar. Verifique quão enraizada esta crença está em sua mente e como ela interfere na sua realização financeira.

Liste agora suas crenças com relação ao dinheiro e analise a influência delas em sua vida. E reescreva-as de um modo positivo.

Capítulo II
A Situação Financeira Atual

Iniciei meus investimentos através da velha e boa poupança (um atentado para quem realmente entende de finanças). Depois, conheci a renda fixa, os imóveis, os fundos de ações, as ações que geram dividendos, o tesouro direto, as letras de crédito imobiliário, etc. E saiba, depois que você começa a estudar a respeito desse assunto, você não vai querer mais parar! Esta é uma dica importante: estude e acompanhe sempre seus investimentos. Você precisa verdadeiramente se apropriar desse conhecimento, do contrário, armadilhas poderão dilapidar seu patrimônio tanto quanto a poupança, visto que o dinheiro depositado sofre um reajuste verdadeiramente aquém da inflação. Não tem jeito: o remédio é estudar mesmo!

Lembro-me de um curso cujo palestrante iniciou sua explanação com uma pergunta dirigida à plateia: "Você sabe com o que você realmente gasta o seu dinheiro?". Essa pergunta foi um choque! Eu realmente não tinha consciência de com o que eu estava gastando o meu salário. Havia os gastos fixos e fáceis de identificar: condomínio, água, energia elétrica, despesas com o carro, as compras do mês, telefone, etc. Mas ainda sobraria muito dinheiro e eu não tinha ideia com o que eu gastava! Nessa época eu não tinha nenhum controle sobre os meus gastos. Esse palestrante despertou em mim o desejo de conhecer mais a respeito do mundo das finanças. Desse modo, comecei a investir melhor meu dinheiro, realizei cursos sobre investimentos, fiz cursos de formação na área de Educação Financeira e li muitos livros a respeito.

O que vai fazer a diferença na sua vida financeira é você saber exatamente qual a sua situação financeira agora (o ponto A) e aonde você quer chegar (o ponto B). Porque isso é importante? Na maioria das vezes vamos vivendo o dia a dia, consumindo para satisfazer nossos desejos, de modo anárquico e sem propósito. Vira um círculo vicioso: você deseja algo que não pode comprar, utiliza um crédito qualquer e trabalha mais um pouco para poder pagar essa dívida. Onde você espera chegar assim? Sem dúvida alguma seu esforço será bem maior, pagará juros altos e certamente esse esforço só vai aumentar, porque os desejos são *"insaciáveis"*.

Então, proponho agora encarar a árdua tarefa de entender bem qual é a sua situação financeira atual e descobrir com o que você realmente gasta o seu dinheiro. Garanto que se você fizer a tarefa de casa direitinho, vai achar bem interessante e até divertido. Você vai ver como você gasta mal o seu dinheiro!

A primeira coisa que você deve fazer é listar todos os seus gastos. Divida-os em gastos fixos e gastos variáveis. Pense e escreva tudo o que você se lembra: aluguel, condomínio, energia, água, escola das crianças, gastos com os pets, transporte, seguros, planos de saúde, etc. Anote também os seus ganhos mensais: salário, renda extra, aluguéis, dividendos, etc. Anote ainda a sua reserva financeira. Reúna extratos bancários, extrato dos cartões de crédito, boletos bancários, crediários, etc. Isto será fundamental para você fazer um balanço patrimonial o mais fidedigno possível.

Paralelo a esta empreitada, passe a anotar seus gastos diários em um caderninho de anotações ou em sua agenda pessoal. Esse é um exercício interessante, pois fará você conhecer um pouco mais sobre os seus hábitos de consumo. Será um rico material de estudos sobre seus hábitos e padrão de vida. Isto poderá ajudá-lo a mudar de atitude.

Para facilitar a sua tarefa, coloco abaixo um quadro para você preencher com as receitas recebidas e as despesas do mês, bem como um espaço para você anotar o que esperava como valor e o que efetivamente aconteceu. E assim você já começa a ter uma ideia de como andam seus gastos e de sua situação financeira. Some as receitas e subtraia as despesas. O resultado é o dinheiro disponível para você gastar ou economizar e investir. Listei na planilha algumas receitas e despesas. Você pode retirar ou substituir algum item, bem como acrescentar outros, adaptando a planilha à sua realidade. Deixe a sua planilha "à sua imagem e semelhança".

Outra dica que dou é você reservar uma pasta para guardar suas anotações e planilhas. Cole a sua planilha anual e a sua planilha do mês na sua agenda pessoal. Utilize-a como consulta sempre que necessário e compare-as mês a mês.

Tudo isso auxilia na construção de um fluxo de caixa, bem como na identificação de gastos supérfluos. Mas é importante que você passe a anotar absolutamente tudo, até o inocente cafezinho. Você ficará impressionado com a corrosão que os gastos supérfluos fazem em seu orçamento. Assim, ainda poderá utilizar essas anotações para construir sua estratégia de cortar gastos desnecessários.

Planilha Demonstrativa do Mês

	Resultado esperado do mês	Resultado efetivo do mês
Receitas		
Remuneração do Hospital X		
Remuneração dos Hospital Y		
Plantões extras		
Pró labore do Consultório		
Rendimentos bancos		
Outros		
Total de receitas		
Despesas		
Aluguel ou prestação da residência		
Água		
Energia		
Gás		
IPTU		
Conta de Telefone		
Conta de Celular		
TV a cabo		
Internet		
Supermercado		
Feira		
Padaria		
Plano de saúde		
Seguro de vida		
Seguro de responsabilidade civil		
Dentista		
Prestação do carro		
Seguro do carro		
Combustível		
Roupas/calçados		
Mensalidade escolar		
Reformas e manutenção		
Pets (banho, vacinas, ração)		
Total de despesas		
O que irá investir		

Análise do Balanço Patrimonial

Identificar a sua situação financeira é o ponto de partida para qualquer planejamento bem sucedido. Com o propósito de avaliar a sua situação econômica atual recomendo utilizar dois instrumentos adaptados da gestão de finanças das empresas: o balanço patrimonial e o fluxo de caixa.

Mas o que é Balanço Patrimonial? Veja a definição da Wikipédia:

> "O **balanço patrimonial** é uma demonstração contábil que tem, por finalidade, apresentar a posição contábil, financeira e econômica de uma entidade (em geral, uma empresa) em determinada data, representando uma posição estática (posição ou situação do patrimônio em determinada data). O balanço patrimonial apresenta os ativos (bens e direitos), passivos (exigibilidades e obrigações) e o patrimônio líquido, que é resultante da diferença entre o total de ativos e o total de passivos."

Ou seja, o Balanço Patrimonial é um balanço que reflete tudo o que você tem: o carro, o apartamento, o saldo da poupança, o dinheiro na conta bancária, o saldo do FGTS e as dívidas existentes (o que você deve ao banco, crediários, prestações do carro etc.). Ele é um retrato da sua situação financeira em determinada data. Através dele você identifica se está em uma situação favorável ou precisa realocar recursos e deixá-lo mais positivo. O ideal é refazer o seu balanço patrimonial anualmente e compará-lo, a fim de avaliar a evolução do seu patrimônio.

Balanço Patrimonial

Balanço Patrimonial

Ativo (tudo que você tem):

Ativo de curto prazo: dinheiro em mãos e na conta corrente, fundo de renda fixa DI.
Ativo de longo prazo: FGTS.
Ativo permanente: casa ou apartamento, carro ou moto.
Total:

Passivo (suas dívidas).
Passivo de curto prazo:
Passivo de longo prazo:
Total:

Patrimônio líquido (sua riqueza) = Ativo - Passivo

Ativo:
Passivo exigível:
Total:

Aquilo que você tem vai se chamar **Ativo** e o que você deve vai se chamar **Passivo**. E quando você subtrai o Passivo do Ativo, então você tem o Patrimônio Líquido.

O Patrimônio Líquido é a sua riqueza. Quanto mais ativos e menos dívidas você tiver, mais rico você é. A meta é aumentar o Patrimônio Líquido e isso pode ser feito aumentando o Ativo e/ou reduzindo o Passivo.

Patrimônio líquido = Ativo – Passivo

Divide-se ainda o Ativo em Ativo de Curto Prazo e Ativo de Longo Prazo, lembrando que estes são termos comumente encontrados em contabilidade de empresas e serão utilizados para avaliar o índice de liquidez e o índice de cobertura das despesas mensais.

Os Ativos de Curto Prazo se caracterizam por uma alta liquidez: o dinheiro que você tem na carteira e/ou na conta corrente, dinheiro depositado na caderneta de poupança ou aplicado em fundos DI e CDB. Já os Ativos de longo prazo configuram-se como qualquer conjunto de bens e direitos com baixa liquidez. Os Ativos permanentes podem ser a casa ou apartamento, carro ou moto.

Passivos de Curto Prazo são as contas que você tem que pagar todo o mês: água, energia elétrica, gás, telefone, cartão de crédito, aluguel, condomínio, etc. Os Passivos de curto prazo exigem Ativos de curto prazo para serem pagos.

A liquidez é uma medida de velocidade com que um ativo pode ser convertido em dinheiro vivo sem perder o valor. Portanto, dinheiro vivo, na mão ou na conta bancária possui alta liquidez, já o capital investido em ações nem tanto e, quando investido em um imóvel, possui baixa liquidez. Para você pagar suas contas mensais, sem dúvida alguma, você precisa de liquidez.

O Índice de Liquidez

O Índice de Liquidez avalia a sua capacidade de pagar as suas despesas. Você inicialmente irá listar o seu patrimônio e encontrar o seu Ativo de curto prazo e o seu Passivo de curto prazo. Depois, ao dividir o Ativo de curto prazo pelo Passivo de curto prazo, você encontra o seu Índice de Liquidez, que em outras palavras te diz se você tem condições de converter rapidamente o seu patrimônio em dinheiro e saldar suas obrigações.

O índice de liquidez equivale ao seu capital de giro, refletindo a sua capacidade de realizar as atividades diárias e cumprir os seus compromissos financeiros. Agora, se você tem uma reserva financeira destinada à aquisição de um bem (um imóvel ou um carro, por exemplo), não inclua este valor no ativo de curto prazo (ele não está disponível para este fim).

O Índice de Liquidez adequado é sempre superior a 1

Exemplificando:

Enfermeira Joana
Ativo de curto prazo: R$ 10.000,00
Passivo de curto prazo: R$ 6.000,00
Índice de liquidez: 1,66

Médico José
Ativo de curto prazo: R$ 20.000,00
Passivo de curto prazo: R$ 26.000,00
Índice de liquidez: 0,76

Analisando os dois exemplos acima: se Joana mantiver os seus ativos de curto prazo em torno de R$ 10 mil e as despesas mensais na ordem de R$ 6 mil, ela seguirá sem dificuldades de pagar as suas contas e ainda poderá investir o que sobrou (R$ 4 mil) e ver seu patrimônio líquido aumentar ano após ano. Já o José tem que se cuidar: há um déficit mensal de R$ 6 mil que deverá ser suprido mediante crédito com juros. Sem dúvida alguma, José vai precisar reorganizar sua vida: cortar gastos, tentar ganhar mais, renegociar dívidas buscando juros mais baixos e ajustar as contas.

Diante destes exemplos, fica clara a importância de monitorar o índice de liquidez no seu dia a dia. Eu utilizo o Guia bolso, um aplicativo de finanças pessoais. A cada gasto que você faz, seja através de saques de sua conta corrente, uso do cartão de crédito, isto é debitado do seu montante disponível e você visualiza o seu saldo bancário e tem o seu ativo de curto prazo e passivo de curto prazo atualizado diariamente. Você pode acompanhar isso através de uma planilha e o extrato de sua conta bancária ou mesmo através de outros aplicativos. Mais adiante irei apresentar alguns aplicativos interessantes de finanças pessoais.

Mantendo um bom índice de liquidez você conseguirá curtir o final de semana com a família ou viajar, conseguir desconto na aquisição de produtos à vista, investir e fazer bons negócios. Pense nisso e monitore o seu índice de liquidez.

O Índice de Cobertura das Despesas Mensais

Para calcular o O Índice de Liquidez avalia a sua capacidade de pagar as suas despesas.. Este índice reflete o tempo em meses que as reservas cobrem as suas despesas mensais.

O monitoramento do Índice de cobertura das despesas mensais é muito importante para profissionais liberais, os quais têm remuneração variável. Através desse monitoramento você poderá melhorar suas finanças e ter melhor qualidade de vida.

A reserva financeira corresponde ao dinheiro disponível em contas bancárias ou em aplicações financeiras com alta liquidez (exemplo: poupança, CDBs, fundos de investimento, títulos públicos). Lembre-se que imóvel e carro não são considerados reserva financeira, pois não têm alta liquidez, ou seja, para você transformá-los em dinheiro não é imediato, leva um tempo.

Exemplificando:

Enfermeira Joana
Reserva financeira: R$ 100.000,00
Passivo de curto prazo: R$ 6.000,00
Índice de Cobertura
das despesas mensais: 16,6

Médico José
Reserva financeira: R$ 5.000,00
Passivo de curto prazo: R$ 26.000,00
Índice de Cobertura
das despesas mensais: 0,19

Portanto, no caso da Joana, ela tem um índice de cobertura das despesas mensais de 16 meses, o que significa que se ela ficar sem receber salário e sem outra fonte de renda, ela conseguirá arcar com suas despesas mensais por 16 meses, sem modificar seu padrão de vida. Ela tem uma segurança financeira. Já o José honrará parcialmente com suas obrigações, o que equivaleria a uma cobertura de 6 dias dos 30 dias do mês e fatalmente recorreria a um crédito se quisesse ver honrados seus compromissos financeiros, comprometendo suas finanças a longo prazo.

O Índice de Cobertura das despesas mensais deve ser mantido entre 6 a 12 meses. O índice de cobertura ideal para médicos e profissionais de saúde, bem como autônomos e profissionais liberais de um modo geral, é acima de 12 meses, de modo a garantir uma situação confortável. Empregados de empresas privadas também devem buscar este índice de 12 meses de cobertura, pois podem perder o emprego. Já funcionários públicos com estabilidade de emprego podem manter um índice de cobertura em torno de 6 meses.

Monitorando o Índice de Cobertura das despesas mensais e mantendo-o acima dos 12 meses, você terá segurança financeira, com menor preocupação com o pagamento das contas diárias e gastos mensais. Procure alocar este capital em uma aplicação com boa rentabilidade, alta liquidez e baixo risco, porque essa é uma reserva de emergência e você não pode correr o risco de perdê-la. Tem que ser um investimento seguro. Você pode optar neste caso: em Certificados de Depósito Bancário (CDB), Tesouro Selic (LFT) e Fundos de renda fixa conservadora.

O Índice de Endividamento

O Índice de Liquidez avalia a sua capacidade de pagar as suas despesas. Para calcular este índice, você terá que dividir o total das dívidas mensais pela receita líquida do mesmo período. Este resultado você multiplicará por 100 e ele indicará a porcentagem das dívidas em relação ao que você ganha mensalmente.

Lembrando que aqui não são incluídos no cálculo contas como água, gás, condomínio, pois estas são as despesas mensais. O que se leva em conta são as dívidas mesmo: prestação do financiamento do carro ou moto, parcela de empréstimo pessoal, cartão de crédito, prestação da casa ou apartamento.

Exemplificando:

Enfermeira Joana

Cálculo das dívidas:

Prestação do carro:	R$ 500,00
Cartão de crédito:	R$ 1000,00
Total das dívidas:	R$ 1500,00
Dívidas totais no mês:	R$ R$ 1500,00
Receita líquida mensal:	R$ 10.000,00
Índice de Endividamento:	0,15 X 100 = 15%

Médico José

Cálculo das dívidas:

Prestação do carro:	R$ 1200,00
Prestação da casa:	R$ 3000,00
Cartão de crédito:	R$ 5000,00
Empréstimo:	R$ 2000,00
Total das dívidas:	R$ 11200,00

Receita líquida mensal: R$ 20.000,00
Índice de Endividamento: 0,56 X 100 = 56%

Verifica-se que Joana compromete 15% de sua renda mensal para pagamentos de dívidas e João encontra-se em uma situação financeira perigosa, visto que compromete 56 % da sua renda mensal para quitar dívidas.

O ideal é você não contrair dívida alguma e ter um índice próximo de zero. Quer comprar um carro? Economize a quantia necessária e compre-o à vista. Quer adquirir um imóvel? Faça o mesmo: compre à vista. Algumas variáveis podem interferir na interpretação do Índice de Endividamento, tais como renda, idade, número de filhos, mas de um modo geral os autores consideram:

a) Até 30% ou um terço da renda: a maioria da população administra bem isso;

b) Entre 30 e 35%: ligue o sinal de alerta, pois o ideal é manter dentro de 30% e não ultrapassar essa porcentagem. Planeje a redução das dívidas;

c) Entre 35 e 40%: aqui a margem fica muito apertada, engessando o orçamento. Você precisa reduzir as dívidas imediatamente, porque se houver algum imprevisto e você tiver sua receita líquida mensal reduzida, corre o risco de ficar inadimplente;

d) Acima de 40%: pode ligar o sinal de PERIGO. Você está em apuros e vai ser muito difícil conseguir saldar as dívidas. O que geralmente ocorre a partir desse ponto é você começar a refinanciar algumas dívidas: cartão de crédito, cheque especial, etc. Com esse caos instalado, você tem que parar e rever toda a sua vida financeira. Cortar gastos, congelar pagamentos (sim... isso mesmo), renegociar dívidas, procurar aumentar as receitas.

Se você está no grupo que compromete 35% da renda, tente investir 10% da sua renda todo mês. Ou seja, reduza seu endividamento para 25% e invista a diferença (10%). E aí vale aquela dica de *"Pay yourself first"*, ou seja, "Pague a si mesmo primeiro", cuja máxima orienta a reservar a quantia que você irá economizar e investir da renda mensal assim que o dinheiro cair na conta, minimizando o risco de gastar essa quantia com consumo inútil.

O Índice de Poupança

O Índice de poupança pode ser calculado dividindo a quantia que você dispõe no mês para investir pela receita líquida mensal, multiplicado por 100. O ideal é você aperfeiçoar o seu percentual de poupança, de modo a aumentar a sua capacidade de poupar. Manter um índice de poupança elevado faz toda a diferença rumo à sua independência financeira. Considero ideal um índice de poupança entre 10 a 30%.

Exemplificando:

Enfermeira Joana

Resultado disponível para investir: R$ 2500,00

Receita líquida mensal: R$ 10000,00

Índice de poupança: 25%

Médico José

Resultado disponível para investir: 0

Receita líquida mensal: R$ 20000,00

Índice de poupança: 0

Mais uma vez, Joana mantém um índice positivo para quem deseja ter um futuro com mais segurança financeira. Já José, antes de pensar em investir, precisa urgentemente fazer um planejamento financeiro, de modo a completar a quitação de suas dívidas e voltar a ter um índice de poupança positivo e assim iniciar seus investimentos.

Fórmulas:

a) Índice de Liquidez = $\dfrac{\text{Ativo de curto prazo}}{\text{Passivo de curto prazo}}$

b) Índice de Cobertura das Despesas Mensais = $\dfrac{\text{Reservas financeiras}}{\text{Despesas mensais}}$

c) Índice de Endividamento = $\dfrac{\text{Dívidas totais no mês}}{\text{Receita líquida mensal}}$ X 100

d) Índice de Poupança = $\dfrac{\text{Resultado disponível para investir}}{\text{Receitas}}$ X 100

Desafios:

a) Anote seus gastos diários durante um mês e avalie seu padrão de consumo;

b) Faça o seu Balanço Patrimonial e avalie o seu padrão de vida;

c) Aplique as fórmulas: índice de liquidez, índice de cobertura das despesas mensais, índice de endividamento e índice de poupança.

A partir deste retrato da sua situação financeira, você deve estabelecer os seus objetivos de curto e de longo prazo:

- Faça uma lista das suas dívidas e tente eliminá-las. Elas são seus piores inimigos.
- Estabeleça uma meta de poupança mensal, seja um valor fixo ou valor relativo à sua renda.
- Organize os seus investimentos, isso ajudará a analisá-los melhor.
- Invista no seu conhecimento sobre finanças e invista de forma racional, a ganância e o medo podem *prejudicar a* sua tomada de decisão.
- Tente ajudar as pessoas, você se sentirá bem e irá gerar valor para a sociedade.

Capítulo III
Objetivos Financeiros - Quão Longe Você Deseja Ir?

No capítulo anterior, você conseguiu fazer uma devassa na sua vida financeira, o que eu creio ter sido muito produtivo. Se você realizou as etapas anteriores não terá mais nenhuma ilusão quanto à sua real situação financeira e saberá exatamente o ponto de partida para atingir a situação econômica que deseja. Aqui eu lhe faço a pergunta: "Quão longe você quer chegar"?

O que você precisa compreender é que não basta desejar ser rico. O mais importante é compreender porque você quer ser rico, que diferença isso fará na sua vida e na vida das pessoas que você ama. Quando você realiza um propósito positivo e ele gera boas ações, irradiando o bem, a felicidade e a alegria, certamente isto irá lhe proporcionar bem estar e satisfação. Isso fará seu cérebro reforçar as situações que levem a isso.

Exercício:

1. Inicialmente, imagine que você agora tem o poder de realizar tudo o que deseja. Anote tudo o

que lhe vem à mente e que você gostaria que se concretizasse;

2. Agora, selecione da lista acima o que realmente faz sentido se concretizar em sua vida;
3. Então, liste suas prioridades financeiras;
4. Escolha as três prioridades financeiras mais importantes para você.

Objetivos e Metas Financeiras

Agora que você já tem consciência quanto às suas crenças com relação ao dinheiro e já definiu suas prioridades financeiras, torne claros os seus objetivos e metas financeiros e estabeleça prazo para a realização das metas definidas, pois quando trabalhamos com metas, o prazo constitui-se instrumento de grande valia, e o cérebro precisa tomar consciência.

Vale compreender que objetivo é diferente de meta. Objetivo é a descrição daquilo que você ambiciona alcançar – é o seu propósito. O objetivo é estratégico e abrangente e as metas são tarefas específicas para alcançá-los, com um prazo bem determinado. Quando você atinge as metas, consegue, por fim, atingir seus objetivos.

Exemplo clássico nas finanças:

Objetivo financeiro:
Eu quero enriquecer.

Meta financeira:
Ter um milhão de reais em dezembro de 2030.

Percebeu a diferença? O objetivo é o que você quer alcançar, e as metas estipulam os passos e prazos para a realização do objetivo.

As metas prescindem de um prazo e podem ser classificadas de:

a) Curto prazo: até 1 ano;
b) Médio prazo: até 5 anos;
c) Longo prazo: acima de 5 anos.

Aproveite este momento para escrever metas para a sua vida pessoal e profissional.

Apresento uma técnica que eu utilizo para estabelecer metas. Acho essa técnica muito fácil e até intuitiva. Você pode encontrá-la em livros e sites de *coaching* e desenvolvimento humano.

Basta seguir cinco passos para desenvolver suas **METAS SMART:**

S - Específica: a meta deve ser bem detalhada, o mais específica possível, para que não haja múltiplas interpretações.

M - Mensurável: a meta deve ser quantificada de alguma forma, seja em valores, percentual, qualidades, etc.

A - Atingível: as metas devem ser possíveis de serem alcançadas, para não desestimular o cumprimento da mesma.

R - Relevante: a meta deve ser importante para você, ter algum impacto relevante em sua vida. E deve estar alinhada com os seus objetivos.

T - Temporizável: a meta precisa ter uma data certa ou um período específico para iniciar ou terminar. Exemplo: em dezembro de 2017 ou por 6 meses, 12 meses.

Comece escrevendo o seu planejamento anual para os diversos aspectos da sua vida, com objetivos e metas bem especificadas e com prazo.

Descreva seus objetivos e metas:

Pessoal:

Objetivos: _______________________________________

____

____

Metas: _______________________________________

____

____

Profissional:

Objetivos: _______________________________________

____

____

Metas: _______________________________________

____

____

Financeiro:

Objetivos: _______________________________________

____

____

Metas: _______________________________________

____

____

Agora passe para uma planilha tudo o que você tem em mente para o curto, médio e longo prazo.

Exemplo:

	2017	5 anos	10 anos
Financeiro	- Janeiro/2017: a porte de R$ 1.000,00 em Providência privada. Mensal: R$ 300,00 - Dezembro/2017: R$ 10.000,00 em renda fixa para segurança financeira.	- Dezembro/2018: R$ 10.000,00 em ações. -Julho/2020: comprar um carro de R$ 30.000,00.	- Março/2025: ter R$ 50.000,00 em ações. - Agosto/2027: ter reservas financeiras de R$ 250.000,00
Profissional	- Fevereiro/2017: ter um planejamento de congressos e cursos de atualização na área da Terapia intensiva pediátrica.	- Janeiro/2018: inaugurar o consultório. - Agosto/2018: expandir o consultório para outras especialidades.	- Janeiro de 2027: inaugurar a clínica.
Pessoal	- Em julho de 2017 viajar para o Portugal - Setembro/ 2017: fazer um curso de Espanhol para médicos na Argentina.	- Agosto/2018: fazer um curso de Inglês para médicos nos EUA. - Dezembro/2020: passar Reveillon em Nova Iorque	- Outubro/2022: férias na Austrália. - Dezembro/2024: viajar para Punta Cana.

A Regra 50x20x30

Muito bem, mas qual o método que você poderá aplicar para conseguir guardar o dinheiro para realizar as suas prioridades financeiras?

Há um método muito simples que vai ajudar você a manter o seu orçamento sob controle e realizar seus objetivos: a Regra 50x20x30. Você verá variações dessa regra por toda parte. Poderá encontrar: Regra 50x15x35, Regra 50x30x20 ou Regra 70x20x10. Mas basicamente, você deverá compreender a estruturação dessa regra e aplicar as porcentagens que achar mia conveniente e adequada para você.

Lembrando que, para conseguir manter o orçamento em dia, você deve: saber quanto gasta e qual a quantia ideal para criar uma reserva (seja a reserva de emergência, seja uma reserva para quitar suas dívidas ou realizar a aquisição de algum bem).

A Regra 50x20x30 consiste em você dividir suas despesas em três categorias e separar uma parcela da sua renda para cada uma delas:

- **50%** para **despesas essenciais**, ou seja, 50% da sua renda líquida devem ser destinados para você se manter durante o mês: alimentação, saúde, transporte, moradia, educação.

- **20%** para **despesas relacionadas ao estilo de vida**, quais sejam: lazer, diversão, hobbies. Exemplo: restaurantes, cinemas, livros, compras, bares, cuidados pessoais e viagens. Limitando os gastos relativos ao estilo de vida você elimina as compras por impulso e os gastos desnecessários. Essa categoria é a que tem maior potencial de redução de gastos se você quiser economizar mais.

- **30% para prioridades financeiras**, elas dependem da sua situação financeira, ou seja, se você tem dívidas, o ideal é que você utilize esses 30% para quitá-las. Ao estabelecer esta parcela você garante a quitação das dívidas. Se você não tem dívidas, então poderá destinar esta parcela para um fundo de emergência, um plano de previdência privada ou para fazer investimentos de médio e longo prazo.

Para aplicar a Regra 50x20x30:

1. Organize as contas;
2. Realize os ajustes necessários;
3. Faça o acompanhamento das suas finanças para avaliar se está conseguindo ficar dentro da meta pré-estabelecida.

Estágios da vida financeira

Por vezes passamos a vida toda sem anotar um gasto sequer, sem planejar absolutamente nada em nossa vida financeira. Vamos vivendo, trabalhando e gastando sem nos preocuparmos com o amanhã. Mas pagamos uma conta muito alta por esse desleixo. Se você não se sentir confortável para realizar um planejamento financeiro inicialmente, oriento pedir auxílio a um planejador financeiro, o qual irá ajudá-lo a avaliar os seus objetivos e necessidades e apresentar estratégias de planejamento financeiro. E acredite: este não é um gasto em vão. Valerá cada centavo se você conseguir organizar a sua vida financeira rumo à tão sonhada Liberdade Financeira.

Há três estágios distintos em nossa vida financeira e a compreensão de cada um desses estágios auxilia no planejamento de nossas finanças. Esses estágios são categorizados em: Segurança Financeira, Independência Financeira e Liberdade Financeira.

A Segurança Financeira

A **Segurança Financeira** é alcançada quando temos uma reserva financeira que pode ser usada por um determinado período para auxilio de alguma emergência ou imprevisto.

Esse estágio está ligado à busca por qualidade de vida e garantia da satisfação de nossas necessidades básicas: alimentação, moradia, vestuário, transporte, educação e saúde. O que se idealiza aqui é uma vida tranquila e equilibrada financeiramente.

Um plano para alcançar a **Segurança Financeira** deve **contemplar três aspectos importantes:**

a) **Segurança Básica:** ter dinheiro para pagar suas despesas básicas e garantir o seu padrão de vida: alimentação, moradia, vestuário, transporte, educação e saúde.

b) **Segurança Futura:** ter e manter reservas para uma aposentadoria que garanta seu padrão de vida no futuro.

c) **Segurança contra imprevistos:** ter e manter uma reserva de dinheiro para que a sua segurança básica e a sua segurança futura não sejam comprometidas caso aconteça algum imprevisto.

Para ter Segurança Financeira você deve ter de seis a doze vezes o valor dos seus gastos mensais reservados para situações de emergência, como o desemprego ou problemas de saúde.

> **Reserva de emergência = gastos mensais X 6 (ou X 12)**

No que diz respeito à aposentadoria, há outro cálculo a ser feito. Quanto você precisa ter idealmente para poder se aposentar com segurança financeira? Eis a conta que você deve fazer: calcule 10% do seu gasto familiar anual e multiplique por sua idade.

> **Reserva para aposentadoria = 10% do seu gasto anual X idade atual**

Se o saldo das suas reservas está compatível com esta estimativa, parabéns! Se continuar economizando, conseguirá manter o seu padrão de vida atual após se aposentar.

O Banco Itaú fornece uma alternativa de cálculo para o quanto você precisa acumular em seu plano de previdência, de acordo com a sua idade. É a dica do 1-3-6-9: se você tem 35 anos, precisa ter 1 ano de renda acumulada; se tem 45 anos, necessita 3 anos de renda acumulada; tendo 55 anos, 6 anos de renda acumulada; aos 65 anos, 9 anos de renda acumulada. Veja a tabela abaixo:

Idade	Anos de renda acumulada
35	1 ano
45	3 anos
55	6 anos
65	9 anos

Exemplo:

Enfermeira Joana (46 anos de idade)

Gastos mensais:
R$ 6.000,00

Reserva para emergências:
R$ 6.000,00
x 12
= R$ 72.000,00

Reserva para aposentadoria:
R$ 7.200,00 (10% do gasto anual)
x 46 (idade atual)
= R$ 331.200,00

Dica 1-3-6-9: R$ 360.000,00

Médico José (59 anos de idade)

Gastos mensais:
R$ 26.000,00

Reserva para emergências:
R$ 26.000,00
x 12
= R$ 312.000,00

Reserva para aposentadoria:
R$ 31.200,00 (10% do gasto anual)
x 59 (idade atual)
= R$ 1.840.800,00

Dica 1-3-6-9: R$ 2.250.000,00

Para a enfermeira Joana atingir a Segurança Financeira ela pode economizar de R$ 1000,00 a R$ 2000,00 por mês e assim em 36 a 72 meses terá conseguido a meta de R$ 72.000,00 como reserva, sem muito esforço e sem comprometer o seu padrão de vida atual. Se ela ainda não tem os R$ 331.200,00 investidos, tem margem ainda para economizar mais R$ 2000,00 por mês com essa finalidade.

O nosso amigo José deve urgentemente fazer um planejamento financeiro, reduzir de maneira drástica seus gastos mensais, adequar seu padrão de vida à sua renda para então programar a sua meta para a reserva de emergência e para aposentadoria.

Ainda dentro dessa perspectiva da segurança financeira, recomenda-se o seguro saúde, o seguro de vida, o seguro de responsabilidade civil, o seguro de sua propriedade e o seguro do carro para auxiliar na cobertura de imprevistos.

A Independência Financeira

A **Independência Financeira** é atingida quando você não depende do valor que recebe mensalmente por seu trabalho para custear suas despesas. Os rendimentos de suas reservas ou aplicações, somados às suas fontes de renda alternativas (como recebimento de aluguel, por exemplo), são igual ao total das suas despesas. Você não precisa mais trabalhar para manter o atual padrão de vida, porém ainda não pode fazer todas as suas escolhas sem restrições.

A Liberdade Financeira

Quando você atinge a **Liberdade Financeira**, a sobra de recursos é maior do que as suas despesas mensais. Nesse estágio, você não precisa mais trabalhar para sobreviver e tem a liberdade de fazer todas as escolhas financeiras que lhe aprouver. Esse é o sonho dourado de todo investidor. E tenha certeza, ele pode ser conquistado!

A regra número um para atingir a sua liberdade financeira é viver com um padrão de vida e de consumo mais baixo do que a sua renda permite. Tem que sobrar dinheiro para você investir.

E como você sabe que atingiu a Liberdade Financeira? Quando os ganhos dos seus ativos são maiores que o gasto com a manutenção do seu padrão de vida e você não depende mais de um salário.

Há um cálculo simples para conhecer o valor que você terá que acumular para construir a sua Liberdade financeira. Você deve multiplicar o custo mensal para manter o seu padrão de vida por 200.

> **Padrão de vida X 200 = valor da sua Liberdade Financeira**

Exemplificando:

Enfermeira Joana (46 anos de idade)

Gastos mensais: R$ 6.000,00
Liberdade Financeira: R$ 1.200.000,00

A Joana precisa acumular R$ 1.200.000,00 para manter o seu padrão de vida com gastos mensais da ordem de R$ 6.000,00.

Supondo que este valor esteja aplicado com rendimentos de 0,5% ao mês líquido, descontada a inflação (Tesouro Direto IPCA), então ela conseguirá manter o padrão de vida sem ter de trabalhar ou mexer no patrimônio.

Médico José (59 anos de idade)

Gastos mensais: R$ 26.000,00
Liberdade Financeira: R$ 5.200.000,00

O José precisa acumular R$ 5.200.000,00 para manter o seu padrão de vida com gastos mensais da ordem de R$ 26.000,00.

Supondo que este valor esteja aplicado com rendimentos de 0,5% ao mês líquido, descontada a inflação (Tesouro Direto IPCA), então ele poderia manter o padrão de vida sem ter de trabalhar ou mexer no patrimônio.

As Prioridades Financeiras conforme os Ciclos de Vida

As prioridades financeiras não são as mesmas durante os diferentes ciclos de vida. Isto porque as necessidades e objetivos financeiros da juventude são bem peculiares e diferentes da meia-idade e da fase de aposentadoria. Cada etapa da vida enseja uma abordagem diferente com relação ao dinheiro. Deste modo, ao montar a sua carteira de investimentos, deverá levar em conta seus objetivos, a segurança e a rentabilidade real do investimento e o tempo que levará para você obter essa rentabilidade.

Assim, na fase da juventude, você deverá poupar e investir e poderá assumir riscos. Na meia idade, deverá escolher investimentos conservadores e com boa rentabilidade e na fase de aposentadoria deverá desfrutar das benesses dos bons investimentos feitos ao longo da vida.

A **Juventude** corresponde à fase de **Acumulação**. Nessa etapa, você deve ter a disciplina de poupar com regularidade e investir todo mês e ainda definir o seu objetivo financeiro.

O tempo favorece o acúmulo de riqueza e você tem mais liberdade para escolher aplicações com maior rentabilidade, ainda que com maior risco de perda. Nessa fase, você poderá constituir família, completar uma formação acadêmica ou empreender.

De novo, cabe aqui a máxima financeira de "pagar a si mesmo primeiro". Assim que receber seus proventos, separe a fatia destinada a investir. Eu gosto de reservar 30% do salário para essa finalidade.

Procure investimentos de longo prazo, com alta rentabilidade. Nesta fase é permitido correr riscos, pois se acontecer algum revés, você terá tempo de contornar a situação.

Faça seguros: Seguro de Vida, Seguro de Saúde, Seguro de Responsabilidade Civil.

Nessa fase, você deve criar uma boa carteira de investimentos, diversificada e consistente, com 50 a 70 % dos investimentos em produtos conservadores. E deve acompanhá-la com regularidade, modificando-a de acordo com o mercado financeiro.

Idealmente, o jovem deverá diversificar a sua carteira de investimento dividindo-a em:

a) Aplicações para despesa de médio prazo: Caderneta de Poupança, Fundos de Renda Fixa com taxas de administração menores de 1% ao ano, CDBs que paguem mais de 90% do CDI e Tesouro Direto;

b) Aplicações de prazos mais longos e maior risco (buscando maior rentabilidade futura e visando a aposentadoria): Fundos Multimercados, Fundos de Dividendos ou *"Long & Short"*, Fundos Imobiliários, Tesouro Direto (NTN-Bs) e Letras de Crédito Imobiliários.

A **Meia idade** constitui-se a fase de **Rentabilizar**. O investidor deve assumir uma atitude mais conservadora, procurando proteger o seu patrimônio de perdas expressivas. A ideia é não correr o risco de perder dinheiro em aplicações de risco, pois o tempo agora não permite perdas. Caso estas ocorram, poderão comprometer a fase seguinte.

O foco em seu planejamento financeiro deverá ser nas aplicações que contemplem os seguintes requisitos: diversificação, risco baixo a moderado e boa rentabilidade.

Reavaliar a carteira de investimento e acompanhar o mercado. Aqui, pode ser conveniente ainda o Tesouro Direto, as Ações que geram dividendos; Letras de Crédito Imobiliário e Letras de Crédito do Agronegócio; Debêntures Incentivadas. Eu acrescentaria ainda as *Small Caps*, ainda que haja risco de perda e necessidade de maior conhecimento e acompanhamento constante.

Finalmente, a **Aposentadoria** é a fase de **Preservação**. Idealmente é uma etapa na qual você deve ter uma situação financeira tranquila, com uma aposentadoria que lhe permita pagar as contas, manter seu padrão de vida, ter qualidade de vida e aproveitar a melhor idade.

Priorize investimentos que concorram com a preservação do seu patrimônio acumulado, sendo recomendado manter pelo menos 75% do portfólio de investimentos em aplicações mais conservadoras de renda fixa.

O investidor tem que manter o foco em uma carteira de investimentos com aplicações conservadoras que forneçam bons rendimentos. Assim, poderá desfrutar da renda oriunda destas aplicações.

Exemplo: Tesouro Direto (NTN-Bs) atrelado à inflação e que paga cupom semestral referente aos juros; Fundos Imobiliários focados em imóveis de locação; Fundos de Dividendos e ainda Ações boas pagadoras de dividendos e imóveis que geram renda com aluguel.

Capítulo IV
Realizando um Orçamento Pessoal ou Familiar

O Orçamento Pessoal é a ferramenta que permite que você planeje suas finanças. É através dele que você consegue determinar e controlar os seus gastos e ter um painel de seu perfil de consumo. Ele retrata a sua situação financeira, ou seja, mostra quais são seus ganhos e gastos ao longo do mês. Para montar um orçamento pessoal, você deve anotar o que recebe e o que gasta.

Se suas despesas são muito altas, através do orçamento você poderá identificar onde você poderá reduzir e cortar gastos e assim conseguir economizar e investir o que sobrar ou quitar dívidas.

O Orçamento Pessoal deve refletir a sua realidade, estar adaptado ao seu consumo e gastos. Quanto mais simples e realista ele for, maior controle você obterá.

Ao realizar o orçamento, proponho que você reúna as seguintes informações: anote todos os seus gastos, separe boletos bancários pagos, verifique os canhotos do seu cheque, tenha em mãos o extrato do seu cartão de crédito. Identifique o montante da sua renda mensal: o valor do seu salário bruto e o valor atual do seu salário líquido; quais os descontos incidentes em seu contracheque (ou holerite), qual o valor da contribuição para um plano de aposentadoria deduzido de seu salário e quanto você estima que irá receber em salários anualmente.

Para um bom planejamento financeiro, é importante a participação e o comprometimento de cada membro da família. Todos devem estar conscientes dos gastos e comprometidos com o sucesso financeiro. Não basta apenas você fazer o orçamento. O ideal é o mesmo ser discutido com todos os membros da família.

Considere as vantagens de se fazer um orçamento: você construirá um quadro visual de seus gastos que permitirá monitorar a sua situação financeira; você tomará mais consciência dos seus gastos e evitará gastos por impulso; irá te auxiliar na decisão da quantia que pode gastar; saberá exatamente como e com o que gasta o seu dinheiro; poderá auxiliá-lo na tarefa de poupar e reservar dinheiro para investir ou criar reservas para emergência financeira.

Comece pelas suas receitas e depois determine suas despesas. Isso é interessante, visto que idealmente você deverá gastar de acordo com o dinheiro disponível.

As receitas que comporão sua renda definirão o seu poder de consumo. Você deve incluir: seus salários (o que interessa é o salário líquido), pró-labore, rendimento com aplicações financeiras, rendas de aluguel de imóveis. Lembre-se que os limites do seu cheque especial e do cartão de crédito NÃO devem ser contabilizados como renda mensal (e de preferência, não deverão ser utilizados).

Analise então as suas despesas. Liste todos os gastos. Inicialmente relacione as despesas fixas (que não costumam variar): aluguel, salário de empregado doméstico, encargos sociais e trabalhistas, as despesas semivariáveis tais como alimentação, conta de energia, água, telefone etc. e as despesas variáveis tais como vestiário, cinema, viagens, etc.

Para identificar os gastos invisíveis, o melhor instrumento é a anotação diária de cada gasto, em um caderninho ou agenda, tão logo aconteça a saída de dinheiro.

O próximo passo será você calcular a diferença entra a renda e o total de despesas. Compare o quanto você recebe e o quanto você gasta. Identifique se há diferença no valor de gastos que você identificou (orçamento) com o que efetivamente saiu de sua conta bancária (despesa real) no período em questão.

Isto feito, você deverá acompanhar o seu orçamento e determinar suas metas financeiras. Se você identificar um orçamento equilibrado, procure cortar gastos e reservar de 10 a 30% do que recebe para montar uma reserva de emergência equivalente a seis meses de seus gastos mensais.

Agora, se estiver gastando mais do que recebe, mais do que nunca deverá cortar gastos e positivar o seu orçamento. As suas despesas devem ser menores que o seu rendimento mensal. Vale a máxima financeira: gaste menos do que ganha. E de preferência, ganhe mais.

Abaixo apresento uma planilha para facilitar a realização do orçamento. Adapte-o à sua realidade financeira.

Planilha de orçamento pessoal

Renda		
Valor	Mensal	Anual
Salário/prólabore		
13° salário		
Participação nos lucros		
Bônus		
Trabalhos extras		
Total da renda		
Investimentos		
Valor	Mensal	Anual
Poupança		
Tesouro Direito		
CDB		
Fundos de Renda Fixa		
Fundos de Renda Variável		
Ações		
Previdência pública		
Previdência privada		
Outros		
Total de investimentos		
Despesas pessoais		
Valor	Mensal	Anual
Impostos (IR)		
Cabeleireiro		
Roupas/sapatos		
Cosméticos e perfumes		
Massagem/estética		
Caridade/doação		
Presentes		
Outros		
Subtotal		

(continua)

Habilitação		
Valor	Mensal	Anual
Financiamento imobiliário		
Aluguel		
IPTU		
Condomínio		
Energia/Água		
Gás		
Internet		
Empregada doméstica		
Supermercado		
Padaria		
Animal de estimação		
Telefone fixo		
Telefone celular		
Internet		
Manutenção da casa		
Seguro da casa		
Subtotal		

Lazer		
Valor	Mensal	Anual
Assinaturas (revistas)		
Assinaturas (TV)		
Academia/esportes		
Livros/revistas		
DVD/cinema		
Teatro/show		
Bares/restaurantes		
Eletrônicos		
Subtotal		

Transportes		
Valor	Mensal	Anual
Financiamento do carro		
Combustível		
Seguro		
IPVA		
Estacionamento		
Pedágio		
Manutenção/revisão		
Multas		
Lavagem		
Táxi		
Ônibus		
Outros		
Subtotal		

Inicialmente, você pode utilizar a planilha disponibilizada acima, ou escolher outro modelo de planilha, no formato *Word* ou *Excel*, ou ainda baixar aplicativos para serem utilizados em seu *Smartphone*. Eu utilizo um aplicativo denominado "Guia Bolso", que é muito prático de usar. Mas acho interessante colocar no papel, pois a visualização permite você ter uma ideia bem ampla do seu orçamento e dos pontos a serem trabalhados para um eventual ajuste.

Planilhas e Aplicativos de Finanças Pessoais

Os aplicativos financeiros são ferramentas que auxiliam o controle financeiro, conseguindo registrar suas fontes de renda e todas as despesas ao longo do mês, sejam elas fixas ou variáveis, permitindo categorizar cada gasto, organizando-os em grupos como nas planilhas: alimentação, celular, internet, transporte, educação, saúde, pets, lazer e moradia. Por meio deles você consegue acompanhar os seus gastos, organizar as finanças e criar um planejamento eficaz com metas de curto, médio e longo prazo. Se você não costuma fazer um monitoramento dos seus rendimentos e gastos mensais, essa é a oportunidade de utilizar a tecnologia para facilitar essa tarefa.

Conheça os aplicativos abaixo, experimente-os e identifique o que mais se enquadra nos seus propósitos.

1. **Planilha do "IDEC"** (*Instituto Brasileiro de Defesa do Consumidor*)
   Essa planilha é super prática. Você precisa ter o Microsoft Excel para utilizá-la. Ideal se você desejar economizar, quitar dívidas, realizar um projeto, ter mais controle sobre o seu dinheiro e organizar as finanças. Você pode deixar a planilha com o seu perfil. Você preenche as receitas e despesas semanalmente e toda sua movimentação é organizada. A planilha traz informações para sua educação financeira e consumo responsável. As instruções de uso são bem completas, além de disponibilizar definições de termos relativos à planilha (receita líquida, despesas fixas, despesas variáveis).

Acesse: http://www.idec.org.br/especial/planilha-orcamento-domestico.

2. Mobills:

O Mobills é um dos mais completos aplicativos de controle financeiro pessoal. Seus dados ficam armazenados na nuvem, possui sincronização, e você pode acessá-los de qualquer dispositivo e controlar suas despesas em tempo real. Armazena em categorias todas as suas despesas e receitas, gerando gráficos e relatórios interativos sobre as suas transações diárias. Você pode cadastrar seus cartões de crédito para acompanhar as despesas da sua fatura e receber alertas no seu e-mail quando a fatura estiver perto de vencer. Você consegue definir metas de gastos e criar orçamentos que irão te ajudar a economizar. Através da funcionalidade Objetivos você pode se planejar para atingir o que deseja. Planilhas de gastos, de empréstimo pessoal e de contas online podem ser importadas com a função de importação de dados. É fácil de manusear e tem uma equipe de suporte para esclarecer dúvidas. O Mobills disponibiliza uma versão grátis e tem ainda o plano premium, versão mais completa e paga. Está disponível em todas as plataformas: web, Android e iOS. Acesse: https://www.mobills.com.br.

3. Guia Bolso:

O GuiaBolso é um aplicativo de controle financeiro que permite cadastrar suas despesas e receitas, além de categorizá-las. Lança um relatório mensal para você ficar por dentro do que está acontecendo com o seu dinheiro. Ele se conecta a sua conta corrente e tem parceria com os bancos Santander, Itaú, Banco do Brasil, Bradesco e HSBC. Basta colocar sua conta e sua senha eletrônica e a ferramenta organiza suas receitas e despesas automaticamente, faz um diagnóstico sobre a sua situação financeira, mostra qual é o seu perfil (em apuros, no limite, poupador e investidor) e ainda compara a sua saúde financeira com as dos demais usuários. Ele mostra gráficos para que você entenda com o que você gasta o seu dinheiro e emite alertas para você controlar os gastos. Pode ser utilizado para controle financeiro automático, empréstimos feitos com os juros mais baixos e radar sobre o CPF. Eu uso esse aplicativo em meu smartphone, integrado às minhas contas bancárias e cartão de crédito e recomendo. É gratuito e disponível para Android e iOS. Acesse: https://www.guiabolso.com.br.

4. **Finance:**

   O Finance é um app básico, com um design elegante. Realiza um diagnóstico financeiro em um gráfico inovador e tem indicadores de desempenho. Registra contas automaticamente, por meio da leitura do código de barras; possui um sistema de notificações para contas a pagar e permite tirar fotos de recibos e notas fiscais e associá-las às transações. Aceita quatro moedas: real, dólar, euro e libra. Ele está disponível para Android e iOS. Existe a versão gratuita e a versão Pro tanto para Android como iOS.

5. **Organizze Gastos:**

   O Organizze Gastos é um aplicativo para controle financeiro que possibilita que você acesse múltiplas contas online, com saldo consolidado de todas elas, além de mostrar um demonstrativo dos lançamentos de todo mês. Você pode separar suas categorias em subcategorias para melhor organização de seu orçamento. Não precisa de internet para funcionar e todos os seus dados são criptografados durante a sincronização. Está disponível para Android e iOS.

6. MoneyWise:

É um aplicativo que registra despesas e ganhos do dia-a-dia e os exibe em forma de relatório e gráficos. Possui categorias editáveis, gráficos em função do tempo ou do tipo de gasto, e a função orçamento, que limita despesas por categoria. Oferece suporte a múltiplas contas, proteção por senha e opção de salvar os dados no cartão SD ou para o *Dropbox*, além de exportar os dados nos formatos HTML ou CSV. A interface é simples e eficiente, com pequenas abas bem sinalizadas dividindo diferentes seções do aplicativo. Ajuda o usuário a criar orçamentos para atingir metas e não ficar no vermelho. Você pode monitorar seu saldo por dia, semana, mês ou ano. Gratuito e disponível apenas para *Android*.

7. Orçamento Inteligente:

Orçamento Inteligente é um lindo app para manter suas finanças em ordem. Além de recursos comuns como múltiplas moedas correntes, várias contas, transações planejadas e sincronização em nuvem para múltiplos aparelhos em sua família, tem um visual bem moderno. A versão gratuita é limitada a 30 transações. Disponível apenas para *iOS*.

8. Minhas Economias:

Ele tem ferramentas de controle, gerenciador de sonhos, gráficos e relatórios. Você pode cadastrar despesas, receitas e transferências, programar transações, lançar parcelamentos e cadastrar lembretes para pagamentos. Dá para gerenciar contas de diversos bancos, cartões de crédito, investimentos e financiamentos. Permite que você faça um planejamento financeiro e prever os futuros saldos de sua conta bancária para não entrar no cheque especial. Ao criar uma conta no aplicativo, seu planejamento financeiro é sincronizado com todos os seus dispositivos. Usuários do iPhone podem deixar o acesso ao app mais restrito com a configuração do Touch ID. Gratuito e disponível para *Android e iOS*. Acesse: http://minhaseconomias.com.br

9. **Money Care:**

O Money Care é um aplicativo totalmente em português. Possui um diferencial que é listar as contas que estão atrasadas e que deverão ser pagas nos próximos dias ou meses. É possível realizar transferências para outras contas e verificar o saldo de cada banco, além de fazer uma projeção de como será a sua situação financeira nos próximos meses para que você consiga se programar e economizar. Permite programar alertas de vencimento e configurar o pagamento automático de contas. Gera gráficos em barras e pizzas com demonstrativo de gastos, possibilita backup de informações e exportação para *Excel*. É pago e disponível para *Android e iOS*.

10. **Orçamento Diário:**

Oferece orçamento diário acumulativo e ajuda a economizar para grandes aquisições, tem bons gráficos de análises, proteção de privacidade, economias diárias automáticas e economias projetadas. O visual é minimalista, com cores e gráficos simples, com uma interface bonita e fácil de manusear. Disponível somente para iOS. Ele é gratuito e possui a versão Pro.

11. **Toshl Finance:**

O aplicativo para controlar os gastos e com versão em português, fácil de usar, pode sincronizar suas contas bancárias, cartões de créditos e outros serviços financeiros. Você pode importar planilhas do Excel. Avisa o quanto resta para gastar todo final de mês, lembra das contas que estão próximas de vencer, cria gráficos visuais que ajudam a identificar em quais áreas você está gastando mais e precisa reduzir os gastos e gera gráficos para prever tendências de como será a sua situação financeira nos próximos meses. Você pode utilizar moeda digital como moeda principal e disponibiliza um conversor para mais de 160 moedas. Apresenta a versão gratuita e dois tipos de planos premium. Disponível para Android e iOS.

12. Orçamento Fácil:

O Orçamento Fácil é um aplicativo de controle financeiro que permite que você confira suas finanças em diferentes tipos de gráficos, programe transações e configure uma conta padrão para o seu orçamento. Envia lembretes para você não esquecer de inserir suas transações diárias e possui uma seção onde é possível ver o resumo do seu fluxo de caixa no último período. Disponibiliza dois tipos de contas: a normal e a especial (interessante para quem deseja acompanhar seus negócios e hobbies), além da conta Plus, que é paga. Tem uma interface colorida e simples, está disponível para Android e iOS.

13. CoinKeeper:

É um aplicativo para controle de gastos pessoais para acompanhar o seu orçamento. Você pode definir períodos específicos para receber o relatório. O nível e a cor de preenchimento de cada categoria mostram instantaneamente onde você está gastando mais, o que serve para você ficar alerta ao seu orçamento. É possível editar qualquer transação ou até mesmo excluí-la. Você pode testar a ferramenta durante 15 dias grátis. Interface é colorida e está disponível para Android e iOS.

14. Money Lover:

Este aplicativo separa seu orçamento mensal em categorias para facilitar a segmentação do seu dinheiro e você pode criar novas categorias baseadas nas suas necessidades. Os dados são apresentados em forma de gráficos intuitivos que dão uma imagem detalhada da sua vida financeira. A funcionalidade Modo Viagem possibilita você controle seus gastos em outras moedas. Disponível para Android e iOS, é gratuito, mas possui plano premium.

15. Monefy:

Este aplicativo agrupa seus relatórios de acordo com a periodicidade que você escolher e você não precisa preencher tudo, apenas os valores das despesas. É possível visualizar a distribuição de suas despesas em um gráfico super informativo ou em uma lista de transações bastante detalhada. Disponível para Android e iOS. É gratuito, mas fornece a versão Pro para Android.

16. Money Manager:

É um aplicativo de planilha de gastos que grava a entrada e a saída de dinheiro na sua conta e os depósitos que você recebe. É possível controlar o seu salário, seguro de depósito, prazo e empréstimos. Você pode criar subcategorias dentro das categorias facilitando a organização de seu orçamento pessoal. Você pode criar uma senha para entrar no app.

Disponível para Android e iOS. É gratuito, mas fornece versão paga para Android e iOS.

17. Wisecash:

É um aplicativo de finanças pessoais básico, simples de manusear e que oferece gráficos e resumos por categorias todo mês e ao final de todo ano. Você pode agendar uma transação que será feita todo mês. Na sua tela inicial estão as principais informações como quanto é o seu saldo, quanto gastou e quanto dinheiro sobrou após pagar as contas. Este app mostra também informações como as transações financeiras recentes e um gráfico de como seu dinheiro está sendo gasto. Totalmente gratuito e disponível apenas para Android.

18. Expense IQ:

É um aplicativo controlador de despesas que combina várias funcionalidades como: rastreador de despesas, planejamento de orçamento, cadastro de cheques. Conta com lembretes para você não atrasar as suas contas. Disponibiliza relatórios tais como fluxo mensal de caixa, despesas por categorias e rendimento x despesa. É possível transferir entre contas de diferentes moedas de acordo com a taxa de câmbio do dia. Disponibiliza a opção de dividir uma compra grande em várias categorias. Disponível apenas para Android.

19. Gastos diários:

É app para controle de suas despesas. Aponta os ganhos e despesas diárias e é possível classificar suas receitas e despesas em categorias. É possível agendar transações recorrentes e configurar as despesas descontadas no débito automático ou no cartão de crédito. Na versão paga oferece um balanço de suas contas e gráficos que indicam como você gasta o seu dinheiro. Oferece traduções para vários idiomas é possível bloquear conteúdos com senhas para que só você tenha acesso as informações.

20. Olivia:

A Olivia é uma assistente financeira com inteligência artificial, que possibilita integração em tempo real em uma espécie de consultoria. Tem por objetivo ajudar a economizar e identificar oportunidades de economizar ao consumir, com base em compras anteriores. Estabelece uma relação de empatia com o usuário através de uma interface simples e uma conversa coloquial, onde o usuário pode interagir, receber dicas e fazer perguntas. Olivia interage diariamente com os usuários, estimula metas reais de economia e oferece recomendações de como alcançar os resultados planejados. Após conectar sua conta bancária, cartão de crédito e outras fontes de renda, como vale-alimentação, Olivia passa a acompanhar os ganhos e as despesas para mapear os padrões de consumo e sugerir maneiras de economizar. Permite configurar o idioma oficial do assistente e fazer o login por uma conta do Gmail. Disponível no Android e iOS.

Capítulo V
A Neuroeconomia e a economia comportamental nos processos de decisão financeira

Dinheiro é emocional e a emoção move o seu consumo. Você já parou para pensar o que te leva a fazer determinadas escolhas ao consumir? Consumimos de forma automatizada, sem nos preocuparmos com o que é o consumo e como ele interfere diretamente em nossas finanças e patrimônio.

Era muito comum encontrar revistas de história em quadrinhos narrando as aventuras do Tio Patinhas junto com seus sobrinhos Pato Donald, Huguinho, Zezinho e Luizinho. Hoje em dia, é bem mais raro encontrar as aventuras desse quase anti-herói. Se você já visitou a Disneylândia, certamente se lembra de quão divertido e inebriante é um passeio por lá. Uma aventura inesquecível em um mundo de fantasia que nos remete a um tempo mágico de nossas vidas: a infância. Você deve lembrar que entra em uma atração ou brinquedo, passa um momento se divertindo ali e, ao sair desse brinquedo, passa por uma loja que vende objetos com o tema do divertimento em questão. Assim, ao sair do Castelo das Princesas, como em um passe de mágica, você entrará em uma loja repleta de canecas, camisetas, objetos de decoração com as princesas. E você, ainda envolvido com as imagens e vivência que teve naquele contexto, irá comprar objetos que possibilitaram reviver aquele momento – uma "pequena lembrança" paga em dólares. Veja a observação desse efeito no texto de Isabela Seixas Torres:

> "O consumo em uma destinação turística está, em boa parte, relacionado às memórias que o destino proporciona para o visitante. O objetivo desse trabalho é saber se o consumo dos produtos no destino turístico Orlando está relacionado unicamente a vontade de consumir ou se é influenciado pelas memórias daquilo que é vivenciado no local. A metodologia utilizada foi a aplicação de formulários através do site qualtrics.com, divulgado no site de relacionamentos Facebook. Através do estudo da interação entre os objetos disponíveis para aquisição no destino "Disney" e a memória formada pelo visitante acerca dessa viagem, obtém-se resultados que demonstram que o objeto adquirido no destino turístico permite que o turista prolongue a experiência vivida e a propague através da distribuição de souvenires para seus familiares e amigos, bem como agregue valor a determinado produto por meio da ligação que o turista faz entre o artefato adquirido e o momento vivido no local. A pesquisa demonstrou que a busca pelo destino estudado é caracterizado pela materialização das lembranças da infância de determinada pessoa e que a memória é de total importância na constituição da imagem desse destino."

(A dupla face do souvenir: memória e consumo - os produtos Disney para o consumidor brasileiro, 2004.
http://www.repositorio.uff.br/jspui/handle/1/612)

A Disney vende sonhos. Na Disneylândia, você certamente se encontrou com o Mickey, a Minnie, o Pateta, Pato Donald, Margarida e os sobrinhos. Mas tenho certeza que você não se encontrou com o Tio Patinhas. Não que ele não possa ser encontrado, até pode. Ele é um personagem raro, que pode ser visto em *"Fantasyland"*, durante a *"Mickey's Not So Scary Halloween Party"*. Mas ele não é uma boa influência para você, de modo que não encontrará um brinquedo e uma lojinha com os produtos dele, ainda que ele seja considerado o personagem mais rico do universo da ficção e tenha sua fortuna estimada em "quaquilhões" (como descrito nos gibis) ou U$ 65.4 bilhões de dólares pela revista *"Forbes"*. Personagem controverso no mundo das finanças, não é dado a gastos desnecessários e é um acumulador de riqueza. O exemplo que ele vai te dar é o de não gastar dinheiro.

> Levantamento realizado em 2015 pelo Serviço de Proteção ao Crédito (SPC Brasil) revela que 53% dos consumidores brasileiros admitiram ter realizado pelo menos uma compra por impulso. O percentual é maior entre as mulheres (57%) e consumidores da classe A e B (61%), com ensino superior incompleto (69%) e renda própria (58%). O maior motivo que leva os consumidores a comprar por impulso são promoções (51%). Preço atrativo (31%), características do produto, como funcionalidade e beleza (6%), além de facilidade de pagamento (4%), também incentivam compras não planejadas.

> Supermercados (30%), shoppings (20%), lojas virtuais (17%) e lojas de rua (14%) são os locais nos quais as compras por impulso são mais recorrentes, de acordo com os consumidores. Segundo os entrevistados na pesquisa, lojas de departamento (28%) e sites (22%) são os que mais facilitam o acesso ao crédito, estimulando as compras por impulso.

> *(http://exame.abril.com.br/seu-dinheiro/noticias/maioria-dos-brasileiros-compra-por-impulso-diz-pesquisa - 30/06/2015)*

A Neuroeconomia e a economia comportamental nos processos de decisão financeira

A Neuroeconomia constitui-se em um campo interdisciplinar que reúne princípios de economia, neurociências e psicologia e utiliza técnicas neurocientíficas para identificar os substratos neurais associados a decisões econômicas, combinando a modelagem da economia com os estudos psicológicos de influências sociais.

Os pesquisadores do comportamento utilizam ferramentas da neurociência que permitem a avaliação da tomada de decisão, o estudo dos sistemas moleculares e celulares de neurônios e a concepção de circuitos e processamento de informações que ocorrem no cérebro.

A teoria do consumidor ou Teoria da Escolha é uma teoria da microeconomia que busca descrever como os consumidores tomam decisões de compra e como eles enfrentam os tradeoffs e as mudanças em seu ambiente. É composta pela junção de vários elementos, desde a percepção até a atitude de consumir. Segundo essa teoria, os fatores que influenciam as escolhas dos consumidores são a decisão sobre trabalho e lazer, a curva de oferta de trabalho e os Efeitos: Efeito Total, Efeito Renda e Efeito Substituição.

A função oferta depende do comportamento do produtor e a função demanda se fundamenta no comportamento do consumidor. O problema básico da Teoria do Comportamento Consumidor consiste em entender como obter a maior satisfação possível com a aquisição de um conjunto de bens e serviços sujeitos à limitação imposta pela renda disponível. O valor depende da utilidade, ou seja, da avaliação subjetiva que o consumidor atribui às diversas mercadorias.

A Sociedade consumista influenciada pelo marketing dita os padrões e modelos estéticos que ensinam e nos induzem a gastar. O consumismo é uma ideologia social, muitos de nós já adquirimos produtos ou serviços por impulso e nos arrependemos logo depois, isso proque somos inconscientemente estimulados a consumir.

Há transtornos psiquiátricos em que esse comportamento consumista evidencia uma identidade de hábito que é levado no cotidiano. O comportamento compulsivo, por exemplo, induz a vulnerabilidades ou deficiências do circuito da decisão que tem impactos significativos no consumo. O hábito de consumir por impulso está associado à insegurança e à inquietação psíquica. O indivíduo que não consegue mais viver sem comprar no mínimo um produto desenvolveu de um hábito ou uma dependência. O problema não é do consumo, mas da relação que os indivíduos estabelecem com ela. Esta relação comportamental pode ser totalmente doentia.

Os princípios básicos da neuroeconomia pressupóem: a) Pode-se desejos e preferências, medir o valor que o indivíduo atribui aos objetos e serviços e predizer as decisões, monitorando o funcionamento do cérebro através da aplicação de um estímulo e imagens de ressonância magnética funcional. b) O cérebro pondera evidências de maneiras separadas durante a tomada de decisão. c) O cérebro limita o número de opções disponíveis à tomada de decisão. Os neurônios que estão associados ao processamento do estímulo são ativados e suprimem a atividade dos neurônios vizinhos que não estão associados ao estímulo, mas quando entramos em um shopping e temos à disposição inúmeras lojas e produtos, milhares de neurônios são ativados e suprimem muitos outros, tornando a tomada de decisão um processo extremamente complexo.

Um dos fatores mais importantes da tomada de decisão é o impacto social das escolhas que você faz. Sempre que tomamos qualquer decisão, o contexto social é levado em consideração, mesmo que de maneira inconsciente.

A Economia Comportamental sugere que as pessoas decidem com base em hábitos, experiência pessoal e regras práticas simplificadas. Aceitam soluções apenas satisfatórias, buscam rapidez no processo decisório, tem dificuldade em equilibrar interesses de curto e longo prazo e são fortemente influenciadas por fatores emocionais e pelo comportamento dos outros. Os economistas comportamentais buscam entender e modelar as decisões individuais e dos mercados a partir dessa visão alternativa a respeito das pessoas.

A Economia Comportamental propõe-se a entender e modelar as decisões de forma mais realista e utilizam o método experimental em sua investigação empírica sobre esses desvios em relação à ação racional. O processo de escolha de uma pessoa racionalmente seguiria os seguintes passos: definição de objetivo, avaliação das opções disponíveis, escolha da opção e usar o resultado da escolha para avaliar as próximas decisões. Não é assim que funciona na prática, pois nossas decisões são altamente influenciadas por nossas emoções, mas conhecer esse modelo do processo psicológico de escolha pode nos fazer refletir antes de tomar decisões.

O que muitas vezes se observa é que o consumo passa a ser a razão de ser na vida de algumas pessoas, as quais ficam subordinadas ao salário que recebem e utilizam-no para consumir bens e serviços. Apenas 16% da população é responsável por 80% do que se consome. E essa dependência com relação à necessidade de consumir restringe a visão de mundo, limitando a vida no seu sentido mais verdadeiro, que diz respeito à afetividade, generosidade, compaixão e ética.

Para se edificar uma vida financeira saudável, é preciso compreender que o consumo gera impacto e suas escolhas têm uma relação direta com estes. Hoje se consome 50% a mais de recursos naturais renováveis do que a Terra consegue repor.

Há de se diferenciar o que é realmente necessário consumir e o consumo motivado por desejo. Necessário é o que é essencial, a exemplo de alimentação, saúde e transporte. Já o desejo está ligado à realização de sonhos ou aquisição de algo que pode ser dispensável, mas que nosso desejo insiste em adquirir.

O consumo inconsciente se caracteriza por compras desnecessárias que podem comprometer o orçamento e levar a dívidas com juros decorrentes de crédito. Essa dívida pode crescer se você não conseguir pagar integralmente o cartão de crédito a cada mês.

Reavalie seus hábitos de consumo. Os apelos da propaganda induzem as pessoas à compra de produtos de consumo inúteis e por vezes compram objetos de alto valor com o intuito de ostentar ou adquire um objeto que parecia indispensável ou porque estava em promoção e pouco tempo depois já não lhe serve e é descartado. Compramos por impulso, manipulados por estímulos de propaganda e promoções. O consumo de supérfluos aliado a falta de determinação e esforço comprometem o planejamento financeiro mais consciente e produtivo e despertar desse automatismo consumista pode ser libertador e contribui para sua saúde financeira. A verdade é que vivemos em uma espécie de piloto automático. Acordamos, vamos trabalhar, retornamos para casa, assistimos a TV e vemos alguns apelos consumistas. Vamos ao shopping, adquirimos alguns objetos de desejo e então trabalhamos para pagar o que consumimos. Esse é o seu propósito de vida, consumir desenfreadamente? Repensar esse consumo nos conduz a uma ressignificação da existência.

As grandes empresas de bens de consumo contratam estrelas de televisão, do esporte, do cinema para anunciarem seus produtos visando a identificação. Assim, ao assistir uma celebridade ostentar um relógio de marca, eu me identifico e para obter a imagem de prestígio, influência e prosperidade, desejo ter o mesmo produto. E assim se dá com o tênis, com o carro e tantos outros produtos. Com essas apropriações de imagem de sucesso, o marketing nos induz a construir um aparente status de riqueza.

Antes de efetivar uma compra, procure avaliar se você precisa desse produto; se o preço que vai pagar é o preço justo (faça uma pesquisa prévia); avalie o que você poderia comprar de relevante com o mesmo valor e se você está comprando por impulso ou para satisfazer a um desejo efêmero. Melhor ainda, se decidir pela compra do produto, não o compre imediatamente. Conte até dez e deixe para o dia seguinte. Pode ser que no dia seguinte o seu desejo de compra tenha se dissipado e você já não precise mais comprar o objeto em questão.

Resistir ao consumo por impulso, organizar as finanças e fazer um planejamento auxilia na criação de uma postura de consumo consciente. O consumo consciente é um consumo sustentável, que se preocupa com um mundo melhor e com os impactos negativos do ato de consumir. O uso consciente do dinheiro também envolve a decisão de fazer uma poupança, guardar dinheiro e pensar no futuro. Evite utilizar o crédito como uma renda extra, pois esse dinheiro não é seu e você terá que pagar por ele com juros altíssimos.

Você vive dentro do seu padrão de vida, vive de acordo com a sua renda? Vivemos uma sociedade totalmente voltada para o consumo e é preciso reconhecer até onde você pode ir financeiramente. O primeiro indício de que alguém não tem o padrão de vida adequado à sua renda são os gastos extras, incompatíveis com o que se ganha, apenas para manter uma vida de aparência, longe da realidade. Tais gastos podem ser identificados quando se tornam símbolos de orgulho ou de ostentação. Entre os preferidos estão roupas, calçados, eletrônicos e eletroeletrônicos. Quem não tem o padrão de vida adequado a sua renda costuma ser generoso, presenteando família e amigos, acumula objetos sem utilidade e apelam para bens de consumo para simbolizar seu suposto padrão de vida, superior ao real.

Se continuarmos à mercê dos desejos (alguns destes forjados pela manipulação do marketing em nosso inconsciente), continuaremos manipulados pelas propagandas e escravos do trabalho através do consumo irresponsável de bens supérfluos. Se depender do mercado e do marketing, não estaremos satisfeitos nunca, pois a cada lançamento de uma inovação tecnológica, estamos correndo atrás para adquirir o último modelo de *Notebook*, *Smartphone* ou um novo carro. O mercado visa estreitar a identificação do consumidor com a marca do produto e o marketing usa suas ferramentas para satisfazer os desejos do consumidor.

O estudo do comportamento do consumidor tem como objetivo compreender o comportamento das pessoas e quais são suas necessidades, desejos e motivações. É a busca pelo entendimento de como ocorre o processo de compra. Como ele é realizado, quando e por que. São as atividades que os indivíduos se ocupam quando obtêm, consomem e dispõem de produtos/serviços.

O Neuromarketing sabe cativar a sua atenção

O Neuromarketing conecta estudos interdisciplinares da psicologia e neurociência, com marketing e economia, utilizando-se de técnicas de Ressonância Nuclear Magnética cerebral e biometria para, através do estudo da atividade neural, buscar entender como o cérebro é fisiologicamente afetado por propagandas e estratégias de Marketing. Tem a finalidade de esclarecer o consumo através do estudo de reações neurológicas, quando exposto a certos estímulos externos e é capaz de revelar quais são os pensamentos, sentimentos e desejos que estão em nosso inconsciente, impulsionando nossas decisões de compra. O comportamento do consumo é inconsciente em 90% dos casos.

Muito do comportamento humano é impulsionado pelo inconsciente e, por isso, o indivíduo não sabe justificar suas ações. Mas estudos já confirmam a participação de dopamina e dos neurônios espelhos nesse processo de consumo. Caso queira ler mais sobre esse assunto fascinante, recomendo a leitura dos livros: "A Lógica do Consumo" de Martin Lindstrom, "As Três Mentes do Neuromarketing" de Marcelo Peruzzo e "Neuromarketing: o Marketing das Emoções", de Werner A. Gorlich.

De acordo com o Neuromarketing, nosso cérebro se encontra dividido em três partes:

- **Reptiliano (Instintivo e Sobrevivência)** – ligado aos comportamentos mais instintivos, como o de sobrevivência, medo e comportamento não racional. Instinto.

- **Límbico (emocional)** – é através dele que nos relacionamos com pessoas. Processamento das emoções.

- **Neocórtex (Racional)** – responsável pela parte analítica, engloba o raciocínio, lógica e a capacidade de escolha. Processamento da informação racional.

O sistema límbico e o neocórtex interagem continuamente e determinam nossas escolhas. O sistema límbico é responsável pelo processamento de diversos tipos de emoções e é ativado quando as pessoas fazem escolhas que envolvem um ganho a curto prazo, de modo que esses circuitos cerebrais podem estar relacionados com reações mais automáticas e com estímulos de alto valor emocional, levando a um comportamento mais imediatista e impulsivo.

Já o neocórtex é ativado mediante processos com possibilidade de ganhos maiores a longo prazo, influenciando a elaboração do raciocínio lógico e planejamento de longo prazo.

Há fatores biológicos, como a dopamina e o funcionamento dos marcadores somáticos que se mostram extremamente influentes em nossas decisões de compra. E a batalha se trava entre seus hormônios e a sua razão. E aí, o resultado já está definido instantaneamente, sem o neocórtex ter a chance de tomar ciência. Nas palavras de Martin Lindstrom:

> "Mas os neurônios-espelho não funcionam sozinhos. Muitas vezes agem em conjunto com a dopamina, uma das substâncias químicas cerebrais ligadas ao prazer. A dopamina é uma das substâncias mais viciantes para os seres humanos – e decisões de compra são motivadas em parte por seus efeitos sedutores."
> *(Lindstrom, M. A lógica do consumo, 2009. p. 62)*

> "Contra os neurônios-espelho, que fazem com que você se sinta sensual e atraente, e a dopamina, que cria aquela expectativa de recompensa quase orgástica, a sua mente racional não tem chance."
> *(Idem, p. 64)*

Os neurônios-espelhos são pequenas estruturas neurológicas que entram em atividade quando o indivíduo realiza uma ação ou quando apenas a observa ser realizada. Eles se ativam apenas quando a ação envolve algum objeto.

Os neurônios espelhos motivam a compra mediante o estímulo de uma propaganda. Estes neurônios se ligam à ação da dopamina, um neurotransmissor associado ao prazer. Ao decidir comprar, a dopamina é liberada no cérebro, causando uma sensação de bem-estar e prazer. O processo de decisão de compra demora menos de 2,5 segundos.

O cérebro cria os marcadores somáticos que fazem conexões inconscientes e resultam em ações. Eles reúnem as experiências anteriores relacionadas à recompensa e punição e relacionam experiências ou emoções a reações.

A *SalesBrain* desenvolveu um modelo de previsibilidade que pode ser usado com a finalidade de ajudar a conduzir o consumidor a efetivar a compra. São estratégias para fazer a comunicação diretamente ao cérebro reptiliano e então ativar o botão de compras no cérebro do consumidor, através de seis estímulos: o *Self-centered* (o eu como foco); o *Contrast* (captador de atenção); o *Tangible* (ser tangível); ter *Beginning & End* (começo e fim); o *Visual* (visão); e a *Emotion* (emoção).

O cérebro é altamente centrado no EU. O foco é a sua sobrevivência e bem-estar. Por isso é fundamental tocar o EU. As empresas têm que focar no consumidor, tratá-lo como único e como centro de atenção. Uma dica importante é direcionar as estratégias de ação usando a palavra você. Quando você usa a palavra você as pessoas prestam mais atenção à informação que é passada a seguir e isso aumenta a possibilidade de sua marca e/ou produto ser mais facilmente lembrada pelo consumidor. Demonstre como o seu produto é capaz de solucionar o problema do consumidor. Em sua ação de Marketing você deve ajudar o consumidor a olhar para suas frustrações e desafios e a achar a solução para isso.

O cérebro é sensível ao contraste. Esse estímulo é importante por ser um mecanismo de decisão para o cérebro. Sem contraste o cérebro reptiliano entra em um estado de confusão e começa a adiar as decisões. O cérebro reptiliano só entende como importantes as informações que apresentam grande contraste. A propaganda tem que deixar claro ao consumidor como está a vida dele antes de seu produto e como ela ficará depois de adquiri-lo. Induzir o cérebro a uma quebra de padrão de pensamento, ativa o cérebro reptiliano e faz com que a mensagem passada seja lembrada mais facilmente.

A maioria das decisões são feitas instintivamente pelo cérebro reptiliano. Ele não pensa, reage. O cérebro reptiliano é responsável pela nossa autopreservação. O cérebro leva de: 0 – 250 milissegundos: para registrar um estímulo; 250 – 500 milissegundos: para processar cognitivamente o input; 500 milissegundos e acima: para expressar sua reação através da fala ou de outros movimentos musculares. O cérebro reptiliano sempre escolhe a melhor forma de economizar energia. É preciso tornar as coisas simples, fáceis e palpáveis para ele. O Neuromarketing recomenda que as mensagens sejam simples. Traduza sempre as informações para algo palpável. Demonstre sempre os ganhos que ele terá com sua solução.

O cérebro reptiliano é altamente influenciado pelo começo e pelo fim. Pesquisas confirmam que o começo e o final de qualquer evento ou experiência alteram nossa percepção sobre a experiência toda. Nossa impressão inicial torna-se o filtro para a forma como iremos perceber o que vem a seguir. A experiência mais recente (última) deixa a impressão final com maior peso. O conteúdo de maior destaque deve ser colocado no início e deve ser repetido. O conteúdo que fica no meio será na maior parte esquecido.

O cérebro reptiliano captura imagens muito antes de o Neocórtex conseguir registrá-las e analisá-las. Conscientemente você nem viu, mas o cérebro reptiliano já registrou. Quando realizamos tarefas de rotina, como dirigir, nosso cérebro normalmente entra em piloto automático para economizar energia e não prestamos atenção às informações que visualizamos no percurso. É preciso se preocupar em ativar o estímulo visual adequadamente para chamar a atenção do cérebro reptiliano e fazer com que ele registre as informações de maneira mais rápida. Objetos à esquerda do nosso campo de visão são processados pelo lado direito do cérebro enquanto objetos à direita são processados pelo lado esquerdo. O cérebro responde de maneira inversa ao que vê e analisa a informação de acordo com o lado correspondente às suas funcionalidades. O lado direito do nosso cérebro é melhor em perceber imagens enquanto o lado esquerdo é melhor em processar números e textos. O anúncio deverá estimular o campo de visão do consumidor por poucos segundos, daí a importância do posicionamento adequado das informações, pois o cérebro fixará as informações que compreende.

Os aspectos emocionais têm papel relevante em nossas escolhas. Os estímulos emocionais desencadeiam reações químicas em nosso cérebro que influenciam a forma como lidamos, reagimos e memorizamos as informações. Emocionar é mais importante do que passar informações racionais. A emoção é o que faz o cérebro reptiliano lembrar e fixar a marca e o produto. Ela é capaz de acelerar o processo de decisão de compra. É preciso emocionar o consumidor, para atingir o cérebro reptiliano e impulsionar a compra dos produtos e a memorização da marca.

A médica psiquiatra Ana Beatriz Barbosa Silva, autora do livro "Mentes Consumistas: do Consumismo à Compulsão por Compras", defende a tese de que as pessoas do século XXI entraram em uma grande crise, onde para elas o ter vale mais do que o ser. Dessa forma, enquanto o ser nos leva à posse não de objetos, pessoas ou coisas, mas de nós mesmos, o ter por sua vez, nos conduz à posse material de coisas que acabam por despertar e fomentar o egoísmo e a falta de altruísmo nas relações interpessoais.

As compulsões por compras demonstram a tendência humana de criar ilusões e acreditar sempre em soluções mágicas ou milagrosas. Os compulsivos por compras tendem a manter seu transtorno em segredo por muito tempo, pois têm plena consciência de que seus pensamentos e ações relacionados ao consumo fogem de um padrão "normal". Ao agirem dessa forma, o vício se torna muito mais difícil de ser tratado. Reconhecer a aceitar tal patologia são os primeiros passos em busca do tratamento.

Dentro da área de Marketing, a autora aborda a influência do ambiente segregador dos Shoppings, o uso da publicidade infantil para manipular o comportamento das crianças e o uso do Neuromarketing para tornar as propagandas mais persuasivas.

Recomenda evitar fazer compras quando você está passando por um período de estresse emocional muito alto, como o término de um relacionamento. Nesse estado, a pessoa fica mais suscetível a consumir, sendo mais facilmente influenciada a levar algo mais caro, que ela provavelmente não compraria em condições normais. Pessoas estressadas buscam nas compras a saída para a cura de suas dores.

A autora ressalta que a sociedade precisa mudar para um consumo mais consciente. E a despeito das propagandas cada vez mais sofisticadas, destinadas ao nosso cérebro reptiliano, somente a conscientização desse processo pode retirar o consumidor da letargia do piloto automático, de modo a tornar cada ato de compra um ato consciente, mediado pelo neocórtex.

Fato é que estamos cada vez mais sujeitos ao impulso de compras, quer seja pelo estímulo certeiro do

Neuromarketing, quer por nossa fragilidade emocional e vazio existencial. Grande parte da classe média compra para obter status, para seguir modismo, mas há uma parcela da população (cerca de 3% da população brasileira) que compra compulsivamente, por prazer.

A **onomania** é caracterizada como um transtorno mental e de personalidade, classificado dentro dos transtornos do impulso. Para o consumidor compulsivo, o que lhe excita é o ato de comprar e não o objeto comprado. A maioria dessas pessoas é composta por mulheres, de temperamento forte, ágeis, dinâmicas, inquietas, perfeccionistas, com desenvoltura social e cultural maior, imediatistas e muito inteligentes.

O compulsivo não compra por problemas emocionais ou por depressão, ainda que por vezes a depressão esteja associada, mas porque não consegue resistir ao impulso da compra. O impulso que lhe faz comprar independe do produto que ele vai adquirir e, enquanto não realiza a compra, se sente ansioso, irritado e com as mãos suadas. Desta forma, são capazes de contrair dívidas de até dez vezes a sua renda mensal.

Há tratamento para a onomania e você pode frequentar um grupo de autoajuda como os "Devedores Anônimos". Para avaliar se você é um consumidor compulsivo, verifique se você possui as seguintes características:

- Não resistir ao impulso de comprar;
- Gastar mais que o planejado, o que o prejudica financeiramente;
- Acabar com seus planos de vida e das pessoas à sua volta;
- Pedir dinheiro emprestado para os outros e até aplicar golpes para poder saldar a dívida;
- Precisar efetuar a compra de qualquer maneira, independentemente do produto comprado;

- Perceber que está comprando coisas que não usa ou usa muito pouco;
- Assumir dívidas entre sete e dez vezes o valor de sua renda mensal.

90

Capítulo VI
Dívidas, diagnóstico financeiro e estratégias para recuperação financeira

O novo coronavírus (Sars-Cov-19) surgiu em Wuhan-China e apresentou rápida disseminação neste ano de 2020, tendo atingido inúmeros casos de infectados e milhares de óbitos em diversos países. A Organização Mundial de Saúde (OMS) declarou tratar-se de uma pandemia em 11 de março de 2020. A identificação de primeiro caso de Covid-19 no Brasil parece ter sido em fevereiro deste ano e até o momento ceifou mais de 100.000 vidas. Como se trata de uma doença infectocontagiosa que se dissemina através de aerossóis, sem uma medicação para tratamento específico ou vacina que a previna, a ação mais efetiva e recomendada pela OMS foi a do isolamento social e o uso de máscaras.

Os impactos sociais e econômicos decorrentes desse enfrentamento da pandemia estão fazem-se sentir, observando-se fechamento de empresas e inúmeros desempregados e ainda que o governo responda com pacote de medidas jurídicas, econômicas e financeiras para minimizar os danos, já se observa um agravamento do endividamento da população brasileira.

Pesquisa divulgada em março de 2020 pela Confederação Nacional do Comércio de Bens, Serviços e Turismo (CNC) evidencia que 66,2% das famílias brasileiras possuem dívidas (cheque pré-datado, cartão de crédito, cheque especial, empréstimo pessoal, prestação de carro e seguro) e o percentual de famílias com dívidas ou contas em atraso chegou a 25,3% em março, contra 24,1% no mês anterior. A parcela média da renda comprometida com dívidas alcançou 30% da renda, ante 29,7% em fevereiro. O cartão de crédito segue em primeiro lugar como o principal tipo de dívida dos brasileiros (78,4%), seguido por carnês (16,2%) e por financiamento de veículos (10,3%).

As dívidas de cartão de crédito representam o principal tipo de dívida dos brasileiros (78,4%), além de ser a modalidade de crédito mais cara do país. A média anual da taxa de juros do rotativo do cartão de crédito — aplicada quando se paga o mínimo da fatura do cartão — é de aproximadamente 300%, enquanto a média anual da taxa de juros do parcelamento da fatura do cartão de crédito gira em torno de 175,2%.

Outro dado relevante dessa pesquisa é que o número de famílias endividadas com menos de dez salários mínimos de renda mensal (R$ 10.450 em 2020) aumentou para 69% comparado à janeiro que era 66,1%. Já famílias endividadas com rendimento mensal acima de R$ 10.450 representavam 59,1% destas famílias. Entre a população de renda mais baixa, a inadimplência subiu de 26,9% em janeiro para 29,7% em julho e a inadimplência ficou estável para quem ganha mais de dez salários mínimos, atingindo em torno de 11% das famílias.

Fato é que o setor saúde também sofreu impacto econômico da Covid-19. O setor hospitalar foi o que mais sofreu os impactos da crise no mercado financeiro, devido à perda de receita decorrente da suspensão de cirurgias eletivas, bem como os altos investimentos realizados para aquisição de equipamentos e recursos humanos para a demanda de tratamento de pacientes com a Covid-19. A Associação Brasileira de Medicina Diagnóstica (Abramed) divulgou em abril uma queda de 70% nos exames de imagem e de 60% nos laboratórios de análises clínicas.

Na área da pediatria, com as medidas de isolamento social, tais como o fechamento de escolas, creches e áreas de recreação, as crianças têm ficado em casa, diminuem a exposição aos patógenos e adoecem menos. Some-se a isso o fato de o Sars-Cov-2 aparentemente poupar as crianças da forma grave de Covid-19. O que se observou então foi uma redução de atendimentos de emergência e internações de pacientes pediátricos por doenças respiratórias em enfermarias e Unidades de Terapia Intensiva Pediátricas na Espanha e em toda Europa, nos Estados Unidos e mesmo no Brasil, da ordem de 70%. Médicos e demais profissionais de saúde que atendem em consultório então, tiveram sua renda reduzida a ponto de não conseguirem manter as despesas.

Nesse cenário, fica evidente a importância de manter um fundo de emergência com alta liquidez. A questão é que a pandemia da Covid-19 chegou de surpresa e nos pegou desprevenidos. Estávamos já habituados a ter uma renda alta, expostos a facilidades de crédito e muitos de nós tinha boa parte de renda comprometida com dívidas. Ainda que estejamos sujeitos a passar por um período de crise financeira, quer seja devido a diminuição temporária de renda e acúmulo de uma ou outra parcela de um empréstimo ou um financiamento, fato é que saber lidar com as dívidas e não permitir que elas saiam de controle é fundamental. O planejamento financeiro deve se tornar um hábito, pois auxilia a controlar seus ganhos e gastos, a planejar o fluxo de caixa e a evitar endividar-se.

Não existem fórmulas mágicas ou propostas simples para quitar dívidas, o primeiro passo é conhecer a extensão das dívidas e listá-las em sentido decrescente de montante a ser pago e as que têm juros mais altos e programar a quitação. Comece pagando as dívidas mais caras, como cheque especial e cartão de crédito e se necessário, negocie com os que têm o maior custo. O custo de um endividamento é a taxa que você paga por ele.

Evite acumular prestações de financiamentos e principalmente de correr atrás de novos financiamentos para cobrir as contas em atraso – isso geralmente implica em juros ainda mais elevados. Priorize montar uma estratégia financeira.

Trace estratégias para quitar as suas dívidas. Dificilmente você irá conseguir se desvencilhar deste emaranhado sem conhecer a natureza das suas dívidas. Liste os seus credores e veja o quanto deve a cada um deles.

Ao realizar o seu planejamento financeiro você desenha a sua real situação financeira, conhece as suas receitas mensais e pode programar os seus gastos dentro deste orçamento. O ideal é não comprometer mais do que 30% de seu orçamento para pagar os credores. Se comprometer mais do que isto, dificilmente conseguirá arcar com o compromisso assumido e viver sem comprometer sua saúde física e mental.

Por vezes, quando a situação se torna caótica e fora de controle, convém procurar ajuda de profissionais ou órgãos oficiais que oferecem serviços gratuitos e têm profissionais competentes para o enfrentamento do problema. Nos órgãos de defesa do consumidor você saberá quais as taxas que podem ser cobradas e quais são abusivas. PROCON, Idec, Defensoria Pública do Estado, todos esses são bons caminhos a percorrer para buscar suporte na hora de renegociar suas dívidas.

O gerente do banco não é seu amigo, mas convém ter uma conversa com ele sobre suas dívidas e como você pode fazer para pagá-las dentro do seu orçamento. E cuidado para ele não te empurrar outros serviços ao negociar sua dívida, pois é prática comum oferecer planos de previdência privada, seguro de vida, seguro residencial, planos de saúde e planos odontológicos.

Uma conversa franca com todos os membros da família, expondo a existência da dívida e a dimensão dela ajuda na busca de solução, corte de gastos e todo o processo de quitação das dívidas. Livrar-se das dívidas requer disposição de sacrifício por parte de todos os membros e muita disciplina aplicada em todo o período de recuperação financeira.

Mantenha a sanidade mental. Não obstante as dificuldades financeiras e o grau de incerteza frente aos desafios vindouros, medite e faça exercícios físicos regulares, ao menos faça caminhada ou ande de bicicleta. Isso porque um corpo em movimento e uma mente serena serão fundamentais para sua saúde e bem-estar.

Cartão de Crédito

Segundo dados da ABECS (Associação das Empresas de Cartões), os cartões de crédito são a terceira maior modalidade de crédito do Brasil, atrás do crédito imobiliário e do pessoal. Ainda de acordo com a ABECS, pagamentos por crédito ou débito representaram 28,5% do consumo das famílias brasileiras no primeiro semestre de 2016, contra 27,5% no mesmo período de 2015. Aproximadamente 85% das pessoas pagam o valor integral da fatura de cartão de crédito. Apenas 5% pagavam o valor mínimo, 3% pagavam outro valor e 7% optavam pelo parcelamento da fatura.

A Associação Brasileira de Cartões de Crédito e Serviços (Abecs) disponibiliza em seu site (https://www.abecs.org.br) um relatório onde se constata que os brasileiros gastaram R$ 297,7 bilhões nas compras com cartão de crédito, correspondendo a um crescimento de 14,1% no primeiro trimestre de 2020, apesar de isolamento em março. Brasileiros fizeram 5,8 bilhões de transações com cartões ao longo do 1º trimestre, sendo que EUA e Europa concentraram mais de 80% dos gastos de brasileiros no exterior. Compras remotas respondem por 29% do volume do cartão de crédito. A maioria dos usuários de cartão prefere o celular como canal para realizar compras pela internet e os pagamentos por aproximação cresceram 456% e movimentaram R$ 3,9 bilhões. Estima-se que o setor de meios eletrônicos de pagamento deve encerrar o ano com saldo positivo e transacionar em torno de R$ 1,9 trilhão. A pesquisa também revelou que as compras online tiveram alta de 23,2%, somando R$ 86,7 bilhões e representando 29% do volume transacionado com cartões de crédito.

Diante de um cenário de crise econômica decorrente da pandemia da COVID-19 que impactou a renda e vem aumentando o endividamento das famílias, o uso do cartão de crédito é preocupante e já se observa uma mudança nos hábitos de consumo. A Elo observou que durante a pandemia do novo coronavírus, de 18 a 24 de maio, as compras no e-commerce com cartão de crédito apresentaram alta de 16%, com destaque de aumento para as seguintes categorias: lojas de departamento (135%), apps de entrega (134%), supermercado (132%) e vestuário (108%). A pesquisa realizada pela Elo ainda evidencia que os mais ricos reduziram o gasto com cartão de crédito em 29% e os clientes de baixa renda reduziram gastos em torno de 20% em maio.

Pesquisa realizada com 600 consumidores e divulgada em 15 de maio pelo Boa Vista evidencia que com a pandemia, 29% dos consumidores têm feito mais compras on-line. Destes, 71% dos consumidores utilizaram o cartão de crédito, 13% realizaram débito em conta, 12% preferiram o boleto e 4% indicaram a transferência bancária. Segundo o levantamento, 52% dos consumidores brasileiros afirmaram que não vão conseguir pagar as contas em dia e 28% que poderão manter as contas em dia por um mês.

O Boa Vista constata em outra pesquisa realizada com 450 pessoas que devido à perda de renda durante a pandemia, os consumidores brasileiros têm priorizado o pagamento das despesas domésticas mais básicas. 43% dos entrevistados dizem que preferem pagar primeiro contas relacionadas a serviços essenciais, tais como contas de luz (72%) e energia (63%), TV a cabo e internet (42%) e contas de gás (40). Somente 17% dos consumidores citaram as despesas com telefone fixo e apenas 13% mencionaram priorizar o cartão de crédito.

A questão não é deixar de fazer uso do cartão de crédito, mas utilizá-lo de forma consciente, de maneira que ele auxilie o planejamento do orçamento. O cartão de crédito pode ser usado para concentrar os gastos realizados durante o mês em uma só conta, possibilitando um melhor controle dos gastos, já que a fatura vem bem detalhada. O cartão também possibilita a compra de um bem mais caro, adiando o pagamento para a data em que há dinheiro para pagar e a vantagem de oferecer até 40 dias para pagar e benefícios como descontos em programas culturais e pontos em programas de prêmios (incluindo passagens aéreas).

O emissor do cartão de crédito oferece um limite de crédito ao consumidor para que ele faça pagamentos e compras de bens e serviços. O limite de crédito do cartão é estipulado de acordo com a sua renda mensal ou salário. E esse valor máximo você pode gastar (crédito fácil) todo mês, desde que salde a referida dívida ao final do período, pois do contrário pagará juros extorsivos. As compras parceladas e parcelas a vencer fazem parte do limite total do cartão e, à medida que as parcelas vão sendo pagas, o limite é restabelecido (o falso poder de compra, visto que você irá pagar com dinheiro alheio).

A fatura deve ser paga até a data de vencimento, restabelecendo o limite de crédito. O cliente pode escolher a melhor data de vencimento do cartão e, se estiver atento, poderá aproveitar melhor o prazo de até 40 dias para pagar, pois os gastos feitos entre cinco e dez dias antes da data do vencimento ficam para a fatura do mês seguinte. Pagando a fatura na data certa, não serão cobrados juros, mas há cobrança de juros quando os clientes não pagam o valor total da fatura. O cliente tem a opção de pagar apenas uma parte do valor da fatura, o chamado valor mínimo (15%) e deixar o saldo restante para o próximo mês. Essa operação é chamada crédito rotativo e os juros são cobrados sobre a quantia que deixou de ser paga. Se o cliente pagar a fatura após a data de vencimento, além dos juros, também serão cobradas multas e outras penalidades previstas em contrato. As cobranças nos casos de inadimplência são: multa de 2% sobre o valor da dívida e juros definidos pelos bancos referentes ao valor da dívida. Se o cliente considerar que as taxas cobradas são abusivas, deve procurar o PROCON para orientação.

Pague integralmente a fatura do cartão de crédito. Se não puder pagar a fatura integralmente, melhor lançar mão de um crédito consignado ou empréstimo pessoal para cobrir as despesas. Isto porque, se fizer o pagamento mínimo da fatura do cartão de crédito, o saldo devedor roda automaticamente para a fatura do mês seguinte e você entra no crédito rotativo, podendo pagar até sete vezes o valor da dívida em um ano.

Em números: você irá pagar juros (lembre-se do milagre da multiplicação dos juros compostos!) da ordem de 15% ao mês, ou seja, 414,3 % ao ano, em média, segundo o Banco Central. Apesar dessa taxa altíssima, as pessoas nem sempre têm consciência de como uma taxa dessas multiplica o valor da dívida. Comparando taxas cobradas por crédito rotativo referente aos cartões de crédito, para uma fatura do cartão de R$ 1000,00, após um ano, a pessoa terá que pagar: de R$ 1.324,80 a R$ 7.300,00.

Você pode pesquisar os valores cobrados em cada instituição financeira, classificadas por ordem crescente de taxa, no site do Banco Central (http://www.bcb.gov.br):

Pessoa Física - Cartão de Crédito Rotativo – período 14/07/2020 1 20/07/2020

Posição	Instituição	Taxas de juros	
		% a.m.	% a.a.
1	CCB BRASIL S.A. - CFI	0,00	0,00
2	BCO ANDBANK S.A.	1,44	18,68
3	BCO BMG S.A.	3,22	46,25
4	BCO INDUSTRIAL DO BRASIL S.A.	3,67	54,18
5	BCO OLÉ CONSIGNADO S.A.	4,42	68,02
6	BCO DAYCOVAL S.A	4,75	74,54
7	BCO MÁXIMA S.A.	4,81	75,65
8	BANCO INTER	5,24	84,62
9	BANCO BARI S.A.	6,46	111,89
10	BANCOOB	8,22	158,02
11	BCO DO NORDESTE DO BRASIL S.A.	8,67	171,24
12	CAIXA ECONOMICA FEDERAL	9,08	183,62
13	CARUANA SCFI	9,79	206,83
14	MIDWAY S.A. - SCFI	9,90	210,44
15	BCO DO BRASIL S.A.	9,94	211,85
16	KREDILIG S.A. - CFI	10,06	215,94
17	BCO DO EST. DO PA S.A.	10,20	220,73
18	BCO C6 S.A.	10,34	225,73
19	BCO BANESTES S.A.	10,39	227,57

20	BCO BRADESCO S.A.	10,40	227,94
21	CREDIARE CFI S.A.	10,86	244,47
22	BCO CETELEM S.A.	10,93	247,10
23	HS FINANCEIRA	11,01	250,06
24	BCO SAFRA S.A.	11,09	253,36
25	BANCO DIGIO	11,16	255,90
26	BANCO PAN	11,24	259,09
27	BCO MERCANTIL DO BRASIL S.A.	11,28	260,55
28	BANCO ORIGINAL	11,33	262,64
29	BCO SANTANDER (BRASIL) S.A.	11,43	266,34
30	BCO DO ESTADO DO RS S.A.	11,53	270,51
31	NOVO BCO CONTINENTAL S.A. - BM	11,82	282,21
32	BCO ITAUCARD S.A.	12,16	296,22
33	BV FINANCEIRA S.A. CFI	12,92	329,87
34	BCO LOSANGO S.A.	13,01	333,79
35	BANCO BRADESCARD	13,66	364,97
36	FIN. ITAU CBD CFI	13,87	375,00
37	PORTOSEG S.A. CFI	14,01	382,26
38	HIPERCARD BM S.A.	14,28	396,25
39	BCO CSF S.A.	14,65	415,63
40	NU FINANCEIRA S.A. CFI	14,80	423,88
41	BANCO INVESTCRED UNIBANCO S.A.	14,88	428,62
42	LUIZACRED S.A. SCFI	14,90	429,69
43	SOROCRED CFI S.A.	15,24	448,62

44	LECCA CFI S.A.	15,79	480,97
45	REALIZE CFI S.A.	15,90	487,49
46	BCO DIGIMAIS S.A.	15,97	491,73
47	SENFF S.A. - CFI	16,01	494,14
48	BCO DO EST. DE SE S.A.	16,08	498,32
49	PERNAMBUCANAS FINANC S.A. CFI	16,90	551,30
50	VIA CERTA FINANCIADORA S.A. - CFI	16,95	554,36
51	SAX S.A. CFI	17,89	620,98
52	OMNI SA CFI	17,93	623,62
53	BCO AGIBANK S.A.	18,27	649,06
54	BCO TRIANGULO S.A.	19,30	731,04
55	BCO CREFISA S.A.	19,40	739,56
56	OMNI BANCO S.A.	19,99	790,53

Se você já está na situação de ter entrado no crédito rotativo do cartão de crédito e aquela dívida de R$ 5000,00 após um ano está em R$ 36.500,00 (lembre-se de juros sobre juros), não pague. Como assim?É isso mesmo que recomendam: não pague essa dívida. Espere a instituição chamar para conversar e aí então negocie a cobrança dos juros. A instituição vai querer receber e poderá abrir mão dos juros exorbitantes para receber ao menos uma parte do montante cobrado. Dívidas com mais de cinco anos prescrevem. O que pode acontecer é de seu nome ser incluído no Cadastro de Devedores no Serasa (www.serasa.com.br) que é um Serviço de informações para empresas e consumidores, oferecendo Serviço de Proteção ao Crédito (SPC). Lógico que não estou aqui orientando ninguém a dar calote. Nada disso. Estou informando como você pode proceder em caso de estar endividado. Se o seu nome estiver na lista de devedores, você não terá crédito disponível e aí estará blindado, evitando novos gastos. E isso não é mal. Estarão protegendo você de você mesmo.

Lembrando ainda a respeito de cobranças indevidas, mantenha o hábito de ler item por item da fatura do seu cartão de crédito, não espere "saltar aos olhos" uma diferença entre o montante esperado e o total cobrado na fatura. Verifique os gastos enumerados, bem como as taxas que incidem na fatura. Quando você perceber uma cobrança indevida, entre em contato com a Central de Atendimento do emissor do cartão, faça a reclamação, conteste o valor cobrado e anote o protocolo da reclamação. Eu já tive o dissabor de um domingo, às 21 horas, receber SMS referente a compras no cartão que eu não havia realizado e que fugiam ao meu perfil de consumo. Contestei os valores imediatamente através do 0800 da administradora do cartão e tive os valores ressarcidos integralmente. Esteja atento.

O cancelamento do cartão de crédito pode ser feito a qualquer momento. Exija um protocolo de cancelamento no momento em que solicitá-lo, pois será o seu comprovante. O protocolo será útil em caso de haver alguma cobrança indevida. Você terá como comprovar que pediu o cancelamento. Se você tiver dívidas no cartão de crédito, recomendo que o cancele, pois assim não estará comprometendo ainda mais o seu orçamento com gastos inúteis, não terá aquele crédito disponível e não pagará a anuidade.

O Cartão de crédito deve ser utilizado para parcelamento de compras e para aproveitar promoções e programas de pontos. Não utilizar para pagar as contas no exterior, para sacar dinheiro, para compra de medicamentos de uso contínuo e sem planejamento financeiro. Já o Cartão de débito pode auxiliar no controle financeiro, evitando andar com dinheiro no bolso e possui uma vantagem: isenção de taxas no Brasil. Evite usar quando o dinheiro acabar, pois aí poderá cair no cheque especial, pagando juros.

Dicas para Não se Endividar com o Cartão de Crédito

Tenha um único cartão de crédito e utilize um limite de crédito que não ultrapasse o limite da sua renda. Evite limites de crédito muito altos, ainda que o seu gerente de banco ofereça. Ter muitos cartões pode induzir a um descontrole no orçamento, além de gasto adicional com anuidades (lembre que ela deve ser tratada como um gasto fixo).

Se contar com dois cartões, aproveite para ter duas datas diferentes de pagamento, de preferência com uma diferença de 15 dias entre elas.

Antes de usar o cartão, planeje os gastos e esteja atento às datas de fechamento e vencimento.

Evite fazer saques. Lembre-se que as tarifas cobradas para saques com cartão de crédito costumam ser elevadas.

Não ande com cartão sem necessidade e use o cartão com planejamento. Para as despesas do dia a dia, prefira dinheiro, assim você terá um maior controle sobre os gastos. Verá o dinheiro saindo da carteira e o seu cérebro poderá bloquear o gasto.

Evite cartões de lojas, pois de um modo geral, só permitem o pagamento da fatura dentro da própria loja, o que pode incentivar mais consumo desnecessário.

Negocie a anuidade e pesquise a anuidade antes de contratar o cartão de crédito. Verifique se é possível eliminar este pagamento.

Pague sempre o valor total da fatura para que não sejam cobrados juros pelo uso do crédito rotativo.

Não fique endividado no crédito rotativo. É melhor trocar a dívida por outra que cobre juros mais baratos, como crédito consignado ou crédito pessoal.

Se você tiver dívidas no cartão de crédito, faça o cancelamento do mesmo, evitando maior endividamento.

Em nenhuma hipótese utilize o cartão de crédito como se fosse uma renda ou segundo salário. Esse hábito fatalmente o levará à ruína econômica no longo prazo. Viva de acordo com seus rendimentos e controle seus gastos.

Se perder ou roubarem seu cartão de crédito, ligue para a central de atendimento e faça o bloqueio na hora.

Nunca empreste seu cartão, nem forneça a senha. Você não vai gostar de ter surpresas desagradáveis e ter que pagar a conta de terceiros. O seu cartão de crédito é responsabilidade sua e você é responsável pelo pagamento da fatura.

Aproveite os Programas de Vantagens e de Fidelidade do Cartão de Crédito

Pesquise no mercado os benefícios oferecidos por diversos cartões de crédito e procure escolher o que seja mais adequado ao seu perfil.

Há cartões que dão descontos em cinemas, restaurantes e parques, bem como milhas para voos. Há cartões com os quais, ao comprar passagens aéreas ou pacotes de turismo para o exterior, você consegue o seguro viagem ou, ao alugar um carro, consegue o seguro do carro. Há ainda cartões que oferecem pequenos serviços em casa.

Para cartões que geram pontos à medida que você efetua compras com eles, vale a pena acompanhar os pontos gerados e o prazo de validade deles. Se os pontos expirarem, você estará perdendo dinheiro. Geralmente as operadoras enviam e-mails alertando quando os pontos estão para expirar. Procure entrar no site de programa de recompensas e conferir seu saldo.

Não utilize o cartão para fazer todas as compras do mês visando acumular mais pontos. Use o cartão de forma racional, pois assim você terá o produto antes de receber o salário e ainda ganha pontos.

Procure por cartões ligados a um programa de coalisão, pois você poderá ganhar pontos duas vezes: no cartão e no programa a ele vinculado.

Observe ainda o preço cobrado pelos estabelecimentos que participam dos programas. Se o preço estiver igual ou menor que o preço dos concorrentes, tudo bem. Do contrário, não vale a pena pagar mais caro por um produto para poder pontuar.

Procure ter um objetivo ao acumular os pontos do programa de seu cartão de crédito. Exemplo: acumular pontos para trocar por uma bicicleta ou passagem aérea. Isso é interessante para aproveitar bem os pontos.

Quando for fazer a troca dos pontos por algum produto, procure pesquisar o preço antes para ver se vale a pena. Se for trocar por passagens aéreas, procure comprar com antecedência, porque quanto mais em cima da hora, mais pontos você precisará.

Antes de fazer a compra pelo programa de pontos, informe-se sobre o valor do produto. Dependendo do preço e das condições que encontrar, avalie se vale mesmo a pena empregar aquela quantidade de pontos. Também é bom comparar com o valor em pontos de outros produtos. Algumas vezes, a economia está em guardar o que acumulou para uma compra com melhor relação custo/benefício.

Estratégias para Recuperação Financeira

Se você tem dívidas, inicialmente deve conhecer a sua situação atual, como já descrito em capítulo anterior. Comece pelo Balanço Patrimonial, identifique a renda mensal média e a despesa mensal média. A partir daí, liste as dívidas existentes e classifique-as.

1. Faça a Relação Patrimonial: imóvel residencial, apartamento na praia, carro, moto, tesouro direto, caderneta de poupança etc;
2. Identifique a Renda total média;
3. Calcule a Despesa mensal média;
4. Subtraia a Despesa mensal média da Renda total média. Observe se o resultado encontrado é positivo, ou seja, se "sobra" dinheiro, ou o contrário, se é negativo (falta dinheiro);
5. Verifique na listagem da Despesa mensal se é possível cortar gastos no orçamento. Por exemplo: cancelar a assinatura de revistas e jornais, cancelar a academia (troque por uma caminhada na praia ou nas proximidades de casa), veja se é possível mudar para um plano de telefonia mais em conta, se é possível cancelar a TV a cabo (por um tempo, até que a situação melhore). O objetivo é identificar nos gastos variáveis o que pode ser excluído ou reduzido para assim reduzir os gastos mensais;
6. Anote todas as dívidas existentes: financiamento do carro, financiamento da moto, financiamento do apartamento, dívidas do cartão de crédito, dívidas do cheque especial, etc;
7. Agora estude essas dívidas, procurando em cada uma delas: o montante, a taxa de juros, quantas parcelas ainda faltam ser pagas e o valor de cada parcela;

8. Liste as dívidas em ordem de prioridade de pagamento. A dívida que tiver maior incidência de juros sobre ela é a que deve se pagar primeiro e assim sucessivamente. Isso é importante por conta dos juros compostos e, quanto antes você quitar essa dívida, menor será a quantia paga no total;

9. Negocie todas as suas dívidas, explique para os credores a sua situação. Se observar alguma dívida com juros abusivos, tente negociá-la, de modo a conseguir juros menores. Se não conseguir negociar e a dívida for comprometer a sua sobrevivência, não pague. Espere melhores condições de negociação;

10. Calcule o quanto da sua renda, sem comprometer o orçamento enxuto, você consegue economizar para quitar a dívida. Reserve a quantia destinada à quitação logo que receber o seu salário ou renda, pois evita que a quantia seja usada com gastos supérfluos;

11. Evite contrair um novo empréstimo para quitar dívidas anteriores, a não ser que você esteja trocando dívidas do cartão de crédito (15% ao mês) e do cheque especial (12% ao mês) por um crédito consignado (3,5% ao mês);

12. Se optar por um crédito consignado ou crédito pessoal, compare no mercado qual instituição financeira oferece as menores taxas de juros. Você vai observar que há diferenças muito grandes de um banco para outro;

13. Se você tem dificuldade em conter seus gastos, recomendo que também corte o crédito do cheque especial e do cartão de crédito (se já não tiver sido cortado pela instituição financeira). Dessa forma, você terá que viver dentro do seu orçamento, não contrairá novas dívidas e ainda economizará a anuidade e o pagamento de juros.

Diagnóstico Financeiro

1º Passo: Inventário de Receitas e Despesas

Analise se as Receitas são suficientes para suprir os custos fixos mensais (alimentação, transporte, saúde, moradia, lazer, telefonia, etc,) e as parcelas das dívidas existentes.

2º Passo: Análise da Alocação Ativa

Avalie os bens e direitos disponíveis do ponto de vista gerencial. Divida os bens em: bens passivos (aqueles que não geram receita) e bens ativos (os quais geram receita adicional). Exemplificando: um apartamento na praia, se não estiver sendo alugado não irá gerar renda e ainda gerará despesas (IPTU, condomínio, energia elétrica, água, gás, manutenção), logo, este é um bem passivo: não gera renda adicional. Já ações que geram dividendos é um bem ativo. Uma casa ou sala comercial alugada é um bem ativo, pois gera receita adicional.

Através dessa análise de alocação ativa, será possível depreender se você vive no "ciclo de custos" ou "ciclo de renda". O ideal sempre á fazer o dinheiro trabalhar para você, ou seja, fazer o dinheiro ou seus bens gerarem renda extra.

3º Passo: Apuração dos Indicadores Financeiros Pessoais

. Nessa etapa diagnóstica, você irá calcular e utilizar o Índice de Liquidez, o Índice de Cobertura das despesas mensais, o Índice de Endividamento e o Índice de poupança. Com estes dados será possível avaliar se você tem uma boa liquidez pessoal. Quanto maior a liquidez, melhor, pois você terá facilidade em transformar seus bens em dinheiro.

Exemplo: se você tem uma Letra de Crédito Imobiliário, você pode vender e em quatro dias úteis o dinheiro estará disponível em sua conta corrente. Se tiver um Fundo DI, a liquidez é diária; se tiver uma caderneta de poupança o dinheiro está disponível para retirada a qualquer momento, sem incidir imposto de renda (ainda que o rendimento seja mensal e idealmente deva ser retirado na data de "aniversário" da caderneta). Já se você tem um imóvel, deverá colocá-lo a venda e não tem como saber quando a venda se efetivará (portanto, não tem liquidez).

Seria positiva a seguinte situação: índice de liquidez alto, índice de cobertura das despesas mensais alto, índice de endividamento baixo e índice de poupança alto. Mas dificilmente a situação será assim tão simples de resolver. É muito comum encontrar um baixo índice de liquidez, um baixo índice de poupança e um índice de endividamento alto.

4º Passo: Estudo de Perfil

Através do estudo do perfil financeiro é possível identificar a tolerância do indivíduo ao risco financeiro, a capacidade administrativa e os objetivos de curto, médio e longo prazo. Este estudo será essencial para montar a estratégia de recuperação financeira.

5º Passo: Estratégia

A estratégia será montada de acordo com as informações anteriores.

De um modo geral, será preciso aumentar as fontes de renda, otimizar os bens vigentes de modo a que passem a gerar renda, aumentar a liquidez pessoal, realocar ativos caso seja possível, de modo a sair do "ciclo de custos" e quitar a dívida o mais rapidamente possível, sem comprometer o padrão de vida.

E por fim, você deverá partir para a implantação da estratégia definida.

Dicas:

Separar objetos que você não utiliza mais: máquinas fotográficas, impressoras, roupas, calçados, livros, relógios e colocá-los a venda em sites que possibilitem anúncios grátis ou promover uma venda em garagem ou um bazar e transformar esses objetos sem uso em dinheiro. Isso é muito bom: gera dinheiro, desocupa lugar e mobiliza energia. Gosto de um livro intitulado "A Mágica da Arrumação", de Marie Kondo, que ensina a dar destinação a tudo o que não está em uso na casa. A autora ensina de modo simples a executar essa tarefa aparentemente árdua. Mais uma vez, a maior dificuldade será vencer o emocional: o apego às lembranças, aos objetos. Eu li o livro e pus em prática. Que alívio! Muita coisa expurgada e liberada para circular e fazer outras pessoas felizes.

Avalie os hobbies que você tem e verifique se é possível ter outra fonte de renda através dele. Conheço a história de um dentista que tinha o *hobby* de fotografar. Então ele criou um site de fotografias, onde as pessoas podem ir até um arquivo e escolher determinada foto e comprá-la para uso. Um *hobby* que deu certo e virou inicialmente mais uma renda e posteriormente a principal renda. Há também a estória de uma professora que fazia brigadeiros e vendia na escola, sempre conseguindo um dinheiro extra com essa atividade. Até que decidiu ampliar a oferta e passou a fornecer para lanchonetes, aumentando substancialmente sua renda.

Identifique o que você sabe melhor do que as outras pessoas e avalie a possibilidade de escrever um livro ou criar um blog ou mesmo montar um curso sobre o tema em questão. Exemplo: criar um curso de Amamentação para gestantes. Você pode até pensar: já existem vários cursos disponíveis no mercado. Ok, mas existe um curso online, bem estruturado e com possibilidade de realizar webnários para tirar dúvidas, com grupo de discussão no *Facebook* e no *Whatsapp* sobre amamentação?

Antigamente publicar um livro era algo muito difícil ou mesmo caro se você pensasse em autopublicação. Hoje em dia, através da Amazon é possível você promover uma autopublicação, sem custos e com os royalties do livro. Vá ao site da Amazon e acesse o Kindle Direct Publishing (KPD). Publique seu e-book gratuitamente e de maneira independente, diretamente na Loja Kindle. Lógico que se você quiser uma publicação mais profissional, o ideal é gastar um pouco com o seu livro: revisão, diagramação, uma boa capa. E promover o seu livro nas redes sociais. Recomendo o curso "Lance um livro" do Eldes Saullo. Acesse o site http://lanceumlivro.com e verifique o excelente conteúdo que o autor disponibiliza. Se você quer escrever um livro, pode ter certeza que conseguirá após as orientações técnicas do Eldes. Este livro foi escrito após eu ler os livros e fazer os cursos do Eldes. Se você gostou deste livro e tem o sonho de também escrever um, faça o curso.

Pense fora da caixa. Não repita a velha estratégia de fazer um plantão extra. Tenha uma ideia e coloque-a em prática. Nada de medo ou vergonha, pois não são boas companhias. Faça acontecer, ou ainda, *"Just do it!"* (slogan da *Nike* que pode ser entendido como "Simplesmente Faça" ou "Apenas Faça").

Capítulo VII
Os Produtos Financeiros e as Estratégias de Investimento

Na maioria das vezes, o que compromete o investimento é a emoção. Tanto o medo quanto a ganância interferem nos investimentos. O medo em perder dinheiro e o medo de não dar certo podem impedir que você invista em um produto financeiro com maior rendimento. Por outro lado, a ganância de querer ganhar dinheiro rápido e fácil pode levá-lo a investir boa parte de seu capital e perder parte relevante deste, comprometendo o seu patrimônio. Lembrando Benjamim Graham, sempre assertivo: o principal problema de um investidor, e também seu pior inimigo, é ele próprio.

As emoções interferem sobre o uso que se faz do dinheiro e principalmente nos investimentos. Warren Buffett diz que se o investidor tiver uma inteligência normal, vai apenas precisar de um temperamento que controle os seus impulsos e assim fará bons negócios.

Antes de começar a investir, faça um planejamento financeiro mensal e anual. Você precisa conhecer sua renda, seus gastos, seu perfil de consumo. E tem que sobrar dinheiro. Você tem que gastar menos do que ganha. Do contrário, não conseguirá investir.

É importante conhecer-se profundamente antes de tomar decisões financeiras. Conheça suas receitas, suas despesas, quanto custam seus projetos de vida e reconheça seu perfil de tolerância a riscos, seus hábitos, suas motivações, as perspectivas para sua vida.

Warren Buffett tem duas regras fundamentais para investimentos: "A regra número 1 é nunca perder dinheiro. A regra número 2 é nunca esquecer a regra número 1".

Parafraseando-o, as regras básicas para um investidor iniciante:

1. Gaste menos do que você ganha e invista, com qualidade, a diferença;
2. Jamais esqueça a regra número 1.

Razões para começar a investir:

1. Declínio da capacidade de trabalho com a idade. A expectativa de vida do brasileiro está cada vez maior;
2. Confiar a aposentadoria somente no INSS não é conveniente. Em 2014 o teto de aposentadoria para contribuintes autônomos era de R$ 4.390,24 e a contribuição mensal é alta. Há produtos financeiros seguros e confiáveis para você complementar sua renda;
3. O objetivo principal de qualquer investimento é a preservação de capital;
4. Garantir um futuro digno para a família, com saúde, qualidade de vida e segurança. Trabalhe muito, economize parte do salário e saiba investir.

De um modo geral, ao avaliar um investimento você deve avaliar a idade e momento da vida em que se encontra, pois isso influenciará por quanto tempo o dinheiro deverá permanecer aplicado e o risco que poderá correr (quanto mais idade, mais deverá escolher investimentos conservadores), estabilidade profissional, objetivos e projetos de vida (um dos principais critérios a se levar em conta na hora de investir), circunstâncias econômicas, comportamento racional x emotivo, experiência prática com investimentos (à medida que for conhecendo mais os produtos financeiros e aplicando seu dinheiro, mais experiência vai adquirindo e se sentindo mais seguro emocionalmente).

Os critérios que eu sugiro como principais a serem levados em conta ao escolher um investimento:

1. **Seus Objetivos**: é fundamental você partir do que o motiva a investir. Descubra primeiro o seu "porque", determine qual o seu objetivo ao fazer um determinado investimento. Não é somente acumular dinheiro, mas para que você quer determinada quantia. Qual o propósito deste investimento em sua vida, quais sonhos você pretende realizar. O seu objetivo o ajudará a escolher o melhor produto financeiro. Por exemplo: se você quer utilizar essa quantia em 3 a 6 meses (ou seja, no curto prazo), investir em ações não será o mais indicado, visto a volatilidade do mercado de ações. E se você tem em mente a aposentadoria, o ideal é escolher um investimento de longo prazo com incidência de juros compostos e não uma LCI, por exemplo, com prazo de 1 ano.

2. **Os Riscos**: é indispensável que você conheça os riscos do investimento que você se propõe a fazer. Isso não significa que você não deva fazer investimentos com maior risco (pois normalmente estes investimentos têm maior rendimento e com conhecimento você pode obter alavancagem do seu

capital). Vale lembrar que todos os investimentos têm algum tipo de risco. O ideal é você conhecer a fundo o tipo de investimento que deseja fazer, as características, o rendimento previsto, os riscos e garantias. Uma boa dica para minimizar o risco é diversificar os investimentos. A velha regra de "não colocar todos os ovos na mesma cesta"

Observação: alavancagem é uma funcionalidade que permite obter uma grande exposição a um mercado financeiro aplicando apenas uma porção relativamente pequena do seu capital.

3. **A Liquidez:** é a capacidade de transformar um ativo novamente em dinheiro. Você deve relacionar a liquidez ao prazo de seu objetivo. Por exemplo: se você quer fazer uma viagem daqui um ano, o ideal é que busque um investimento que poderá ser resgatado nesse período, por exemplo, uma LCI com prazo de 1 ano. De nada adiantará você adquirir um título do Tesouro que vencerá em 2020. Você perderá a viagem ou terá que resgatar o título antes do vencimento, com possíveis perdas.

4. **A Rentabilidade:** diz respeito a quanto rendeu o seu dinheiro. Você com certeza não quer perder dinheiro, nem mesmo para a inflação. A poupança, queridinha dos brasileiros, tem baixo risco, fácil aplicação e liquidez imediata, porém baixa rentabilidade e pode apresentar perda real frente à inflação. O Tesouro Selic, por exemplo, tem risco menor e é ideal para objetivos de curto e médio prazo. Além de ter liquidez diária, rende mais que a poupança. Bom para montar uma reserva de emergência.

De um modo geral, quanto maior a rentabilidade, maior o risco e menor a liquidez.

Investimentos de renda variável, como ações ou fundos imobiliários têm possibilidade de maior rendimento (ainda que com maior risco de perda) do que um ativo de renda fixa.

Importante também avaliar o rendimento que cada banco oferece, pois bancos menores têm maior dificuldade de captar recursos e costumam oferecer maior rentabilidade.

O investidor deve programar a sua Educação Financeira e conhecer os produtos financeiros disponíveis no mercado e ser capaz de montar, executar e gerenciar uma estratégia sólida de investimentos.

O pré-requisito para você começar a investir é ter dinheiro e adquirir conhecimento financeiro. Conheça e determine previamente:

1. O seu perfil de investidor.
2. O horizonte da sua aplicação.
3. A taxa básica de juros de cada investimento.

Perfil do Investidor

A Análise de Perfil do Investidor (API) é uma metodologia que tem por objetivo ajudar o investidor a identificar o seu perfil e verificar a adequação de seus investimentos em relação a seus objetivos, situação financeira e conhecimento sobre os produtos de investimentos, atendendo à regulamentação CVM 539.

Essa análise também é conhecida como *Suitability*, amplamente usada em outros países, a fim de identificar o grau de risco que cada investidor está disposto a correr. É muito usada por bancos e corretoras, a fim de saber quais são seus objetivos financeiros.

Ao conhecer o seu perfil de investidor fica mais fácil tomar decisões de investimentos alinhadas com seus objetivos. Mas o teste não deve ser levado como uma verdade absoluta, apenas como uma orientação, pois, ainda que o seu perfil seja conservador, nada o impede de investir em ações. E se for agressivo, nada o impede de investir em Tesouro Direto ou Poupança.

Há três tipos de investidor: o Conservador, o Moderado e o Arrojado ou Agressivo.

Perfil Conservador

O investidor com **Perfil Conservador** possui a segurança como ponto central para as suas aplicações. Assume os menores riscos possíveis, pois tem baixa tolerância ao risco. Valoriza a preservação do seu patrimônio através de investimentos sólidos e que visam um retorno a longo prazo.

Pode aplicar 100% do seu capital em Tesouro Direto, diversificando com os produtos oferecidos nessa modalidade. Ou aplicar 85% em Renda Fixa e 15% em Renda variável.

Os investimentos como Poupança, Títulos Públicos e Fundos de Curto Prazo são mais compatíveis com investidores de perfil conservador.

Perfil Moderado

O investidor com Perfil Moderado considera a segurança importante, mas procura um retorno melhor para os seus investimentos, de modo que está disposto a assumir algum risco. Busca ganhos no médio e longo prazo. Visando a diversificação da carteira, pode aplicar 65% em Renda Fixa e 35% em Renda variável, ou ainda: 70% em Tesouro Direto, 15% em CDB e 15% em Ações.

Fundos Cambiais, Fundos de Renda Fixa, Ações e Debêntures podem ser considerados moderados ou arrojados, dependendo da política de investimento constante do Regulamento e do risco do emissor do título.

Perfil Arrojado

O Perfil Arrojado ou Agressivo possui conhecimento e domínio do mercado de capitais (ou deveria ter). Procura retornos expressivos, suporta o risco de perder sua aplicação e realiza operações alavancadas. O objetivo deste investidor é de curto prazo.

Idealmente deve aplicar 30% do seu capital em Renda Fixa e 70 % em Renda Variável ou ainda: 50% Tesouro Direto, 15% CDB e 35% Ações.

Os Fundos Multimercado são exemplos de investimentos mais compatíveis com investidores de perfil arrojado, uma vez que há muita liberdade na composição de suas carteiras e mais exposição ao risco em busca de maior rentabilidade.

Quadro: Perfil do Investidor

	Conservador	Moderado	Arrojado
Objetivo	Preservação de capital	Disposto a correr algum risco em busca de melhores retornos no médio prazo.	Disposto a riscos maiores em busca de retornos diferenciados no longo prazo.
Tolerância ao risco	Baixa	Média	Alta
Prazo de investimento	Curto	Médio	Longo
Nível Conhecimento	Mínimo	Médio	Máximo
Tipos de investimento recomendados	100% Tesouro Direto	70% Tesouro Direto 15% CDB 15% Ações	50% Tesouro Direito 15% CDB 35% Ações

O Horizonte da sua Aplicação (Prazo)

Defina o prazo da sua aplicação conforme o objetivo que tenha em mente. O investidor deve planejar objetivos de curto, médio e longo prazo.

Os Investimentos de curto prazo são aqueles que você programa para retirar a aplicação em menos de um ano e exigem baixo risco e alta liquidez.

O período é curto, no máximo 2 anos, e o ideal é escolher um investimento mais conservador, com pouco risco de perdas financeiras. Pode-se aplicar em título público Tesouro Selic, as Letras de Crédito Imobiliária ou do Agronegócio (LCI e LCA) e o CDB (Certificado de Depósito Bancário).

Para Investimentos de médio prazo, cuja aplicação se mantém durante um período de 2 a 5 anos, o investidor precisa diversificar e manter o dinheiro investido para aproveitar a elevada taxa de juros. São recomendados: LCI, LCA, Tesouro Direto (Tesouro IPCA) e Fundos Multimercados.

Os Investimentos de longo prazo visam o futuro e a aposentadoria, correspondem a períodos de mais de 5 anos, tendo por principal objetivo a rentabilidade. É preciso arriscar, visando maior rentabilidade. Você pode diversificar a sua carteira entre os perfis conservador, moderado e arrojado. Você deve considerar e equilibrar seguintes tipos de investimentos para formação de patrimônio e aposentadoria: Ações, Fundos, Fundos de Investimento Imobiliário (FII) e Tesouro Direto (Tesouro Selic – um título indexado ao IPCA (inflação).

O quadro a seguir cataloga os principais investimentos conforme o prazo.

Quadro: Investimento x Prazo

Curto Prazo	Médio Prazo	Longo Prazo
Poupança	CDB com taxa progressiva	CDB com taxa progressiva
CDB (banco)	RDC (Cooperativa crédito)	RDC (Cooperativa crédito)
RDC (Cooperativa crédito)	LCA	LCI, LCA
Fundo DI	Fundo Renda Fixa Crédito	Fundo Renda Fixa Crédito
Fundo Renda Fixa	LTN (Tesoura Direto)	LTN e NTN-F, NTN-B
LFT (Tesouro Direito)	Multimercado Moderado	Debêntures
		Multimercado Moderado
		Multimercado Arrojado
		Fundo Imobiliário
		Fundo de Ações
		PGBL/VGBL

Os Riscos de Cada Tipo de Investimento

Os investimentos podem ser divididos em Renda Fixa e Renda Variável.

Renda fixa são investimentos com remuneração paga em intervalos ou condições definidos. Existem duas formas de remuneração nessa modalidade:

a) A pós-fixada, cujo retorno só é conhecido no vencimento de acordo com o indexador definido, por exemplo, taxa Selic ou CDI. O risco nesse tipo de título é que, em função das oscilações na economia, a rentabilidade do indexador definido seja menor do que a esperada.

b) A prefixada, em que o investidor conhece antes a taxa de retorno e não há um indexador. A aplicação precisa ser mantida até o vencimento para que isso se confirme. O risco é maior do que na modalidade pós-fixada, pois o investidor se compromete com uma taxa fixa que pode se mostrar melhor ou pior, conforme as alterações nas condições econômico-financeiras.

Há também ativos de renda fixa com uma parcela da remuneração pós-fixada e outra prefixada. É o caso dos títulos indexados à inflação que podem ser públicos (NTN-Bs e NTN-Cs) ou privados e geralmente têm sua remuneração atrelada à variação da inflação acrescida de juros.

São investimentos dessa categoria: Caderneta de Poupança, Títulos Públicos (LTN, LTF ou NTN), Debêntures, Certificados de Depósito Bancário (CDB), Letras de Crédito Imobiliário (LCI), Letras de Crédito do Agronegócio (LCA), Fundos de Renda Fixa e Fundos DI.

Os investimentos de renda fixa não são imunes a riscos. Existe a possibilidade do emissor do título não cumprir com a obrigação assumida. Investimentos como a poupança, o CDB, LCI e LCA contam com a cobertura do Fundo Garantidor de Crédito (FGC), que garante que o investidor receba seu dinheiro mesmo no caso de falência do banco emissor.

Renda Variável é o tipo de investimento cuja remuneração ou sua forma de cálculo não é conhecida no momento da aplicação. Os investimentos de renda variável são mais arriscados.

As Ações constituem o melhor exemplo, cujos preços sofrem constantes variações.

Na renda variável, os juros podem ser negativos, ou seja, o investidor pode perder parte do capital inicialmente investido. Mas apesar de possuir maior risco, o investimento na renda variável permite retornos muito maiores do que os da renda fixa.

Os investimentos em renda variável podem ser feitos diretamente através da compra de ações individuais ou a partir de fundos de ações, fundos de índices (ETFs) e outros.

São investimentos dessa categoria: Ações, Derivativos, Câmbio e Fundos de Ações.

Todo investimento é baseado no tripé: retorno, risco e liquidez.

O investimento ideal seria aquele com alta rentabilidade, baixo risco e ótima liquidez.

Trade-off é a relação de compensação entre esses três fatores. Em geral, ganha-se em um quesito e perde-se em outro. Assim, um ativo com alto risco apresenta maior rentabilidade.

Retorno financeiro é a taxa de remuneração dos ativos financeiros, expressa em porcentagem, num determinado período de tempo.

Rentabilidade absoluta: rendimento da operação por si só, sem comparações.

Rentabilidade relativa: rentabilidade da operação relacionada a algum parâmetro- *benchmark*.

O ideal é utilizar a rentabilidade relativa, pois ela reflete melhor o desempenho da aplicação.

A rentabilidade esperada é a que se aguarda no futuro e a rentabilidade observada é a que aconteceu no passado. Rentabilidade passada não é garantia de rentabilidade semelhante no futuro.

Idade e investimentos: jovens podem arriscar mais, pois têm tempo para se recuperar de eventuais perdas. Com o avançar da idade, a capacidade de trabalho se reduz. Busque o equilíbrio e ajuste os seus investimentos às suas necessidades e ao seu perfil. Investimentos em renda variável são mais rentáveis, mas com maior risco. Investimentos em renda fixa (Poupança, CDB, Tesouro Direto) são mais seguros, porém menos rentáveis.

Todo investimento apresenta risco.

Os investimentos e os riscos envolvidos:

a) Risco de crédito: risco de você não receber o valor aplicado, bem como o seu rendimento.

b) Risco de Mercado: refere-se ao comportamento do preço de um ativo em função das condições do mercado em geral – macroeconomia. Exemplo: uma crise global poderá afetar todos os seus investimentos.

c) Risco de Liquidez: está relacionado ao tempo necessário para converter seu investimento em dinheiro. Exemplo: compra de um imóvel, compra de uma ação de "terceira linha".

d) Risco do Negócio: refere-se ao risco do negócio mesmo. Por exemplo: a compra de um imóvel que pode sofrer desvalorização ou a compra de uma ação que se desvaloriza.

e) Risco Sistêmico: é o risco intrínseco que não pode ser reduzido mesmo com a diversificação dos investimentos.

Diversificar os investimentos é investir em variados tipos de investimento, com o objetivo de minimizar os riscos. O ideal é nunca apostar todas as fichas em um único tipo de investimento. A carteira de investimentos diversificada deve conter ativos com boa liquidez, ativos de curto e longo prazo, ativos vinculados à renda fixa e outros à renda variável.

Principais Produtos Financeiros

Poupança

É emitida por bancos e fomenta o financiamento habitacional.

É um investimento do tipo prefixado, porém tem o componente da TR, que embora menor, não é fixo. Pode-se dizer que se trata de um investimento misto.

Bom para acumular capital para investimento, mas não é recomendado deixar grande quantia na poupança, pois não garante a melhor rentabilidade.

Tem duração de no mínimo 30 dias para obter rendimento. Permite aplicação e resgate de qualquer valor. O saldo mínimo a ser mantido em sua conta Poupança Salário é de R$ 5,00.

Garantia: 100% pelo Tesouro Nacional (Poupança da Caixa) ou até R$ 250 mil pelo Fundo Garantidor de Créditos (para os demais bancos).

Vantagens: fácil aplicação, investimento mais simples, tem liquidez imediata, isenção de Imposto de Renda e taxa de administração, não paga IOF.

Desvantagem: baixa rentabilidade, que só acontece no dia do aniversário da aplicação. À medida que a taxa de juros sobe, a poupança perde cada vez mais atratividade, pois sua remuneração é fixa em 0,5% ao mês + TR (Taxa Referencial de Juros).

Certificado de Depósito Bancário (CDB)

Títulos nominais emitidos pelos bancos e vendidos ao público como forma de captação de recursos. Utilizado para financiamento bancário.

Tipos: prefixado, pós-fixado, misto (indexado), entre outros. Ou seja, são negociados tanto a partir de uma taxa fixa de juros (pré-fixados) quanto de uma taxa vinculada a índices econômicos (pós-fixados).

Os investimentos em CDBs estão cobertos pelo Fundo Garantidor de Créditos para valores de até R$250 mil por CPF, por instituição bancária.

Os CDBs são negociados a partir de uma taxa bruta de juros anual, sem considerar tributos ou inflação. Quanto mais você aplica, maior é sua rentabilidade. Existem CDBs progressivos: mais juros para aplicações de maior prazo. O prazo mínimo previsto é de 30 dias e o prazo máximo é de 5 anos.

Se negociadas antes desse prazo, sofrem incidência de Imposto de Renda na Fonte e Imposto de Operações Financeiras. Aplicação mínima: R$ 500. Resgate: em parcelas de R$ 500, com os respectivos rendimentos.

Os impostos do CDB, assim como em todas as aplicações de renda fixa, incidem apenas sobre os rendimentos da aplicação, isto é, sobre a diferença entre o valor resgatado e o valor investido. Se o rendimento do título for negativo, não haverá incidência de imposto.

O IOF incide apenas sobre aplicações com duração inferior a 30 dias. O valor a ser recolhido é determinado por uma tabela que institui valores que reduzem proporcionalmente de acordo com o número de dias restantes para o término dos primeiros 30 dias da aplicação, iniciando com alíquota de 96% até se tornarem isentas após decorridos 30 dias ou mais.

O Imposto de Renda incide sobre o rendimento de todas as aplicações e o valor é descontado diretamente na fonte. Assim como o IOF, reduz de acordo com a duração da aplicação:

- até 180 dias, alíquota de 22,5%;

- de 181 a 360 dias, alíquota de 20%;

- de 361 a 720 dias, alíquota de 17,5%;

- acima de 720 dias, alíquota de 15%.

Assim sendo, somando o IOF com o IR, o imposto a ser recolhido sobre os rendimentos do CDB varia de 96,9% (maior imposto, aplicado a investimentos com duração de um dia) a 15% (menor imposto, aplicado a investimentos com duração superior a 720 dias, ou dois anos).

Vantagens: geralmente possuem taxas melhores que a poupança.

Desvantagens: dependendo do produto, a liquidez acontece somente no vencimento.

Letra de Crédito Imobiliário (LCI):

Emitida por bancos e utilizada para financiamento bancário.

Tipos: prefixado, pós-fixado, misto (indexado).

Garantia: até R$ 250 mil pelo Fundo Garantidor de Créditos (FGC).

Vantagens: não paga Imposto de Renda, não paga IOF. Mas mesmo não pagando IR e IOF, é preciso verificar se o rendimento líquido é interessante.

Desvantagens: geralmente requerem quantias mais elevadas de dinheiro. Liquidez acontece normalmente no vencimento ou possuem prazo de carência.

Letra de Crédito de Agronegócio (LCA):

É emitida por bancos e utilizada para financiamento do Agronegócio.

Tipos: prefixado, pós-fixado e misto (indexado).

Garantia: até R$ 250 mil pelo Fundo Garantidor de Créditos (FGC).

Vantagens: não paga Imposto de Renda, não paga IOF.

Desvantagens: geralmente requerem quantias mais elevadas de dinheiro. Liquidez acontece normalmente no vencimento ou possuem prazo de carência.

Letra de Câmbio (LC):

Emitido por Financeiras e destinado ao financiamento das Entidades de Crédito.

Tipos: prefixado, pós-fixado, misto (indexado).

Liquidez diária ou no vencimento.

Garantia: até R$ 250 mil pelo Fundo Garantidor de Créditos (FGC).

Vantagens: costumam render mais do que os produtos dos grandes bancos.

Desvantagens: A princípio, uma financeira tem mais risco de quebrar do que um banco (mas a garantia é a mesma: FGC). Podem ser necessárias maiores quantias de dinheiro para aplicar.

Fundo de investimento:

União entre várias pessoas para investir em um mesmo plano, coordenado por especialistas.

Os fundos têm rentabilidade diária, além de possuírem tributação sobre a rentabilidade e taxa de administração.

Existem planos a curto e longo prazo. Quanto maior o prazo, menor o imposto cobrado.

Cada tipo de fundo possui um valor mínimo de aplicação. Há planos com valor mínimo de R$ 30.

Ações:

São cotas de uma empresa. Você compra uma pequena parte da empresa e se torna sócio dela.

Pode comprar e vender de um dia para o outro. O preço é muito volátil, varia diariamente e até de minuto a minuto.

Não possui muita liquidez, ou seja, você não consegue transformar ação em dinheiro rapidamente, pois depende do preço da ação e de encontrar compradores.

Vantagens de investir em ações: não é preciso muito dinheiro para começar; você recebe dividendos periodicamente; tem potencial de boa rentabilidade no longo prazo; você pode comprar ou vender suas ações no momento em que quiser; pode alugar suas ações fazendo um empréstimo de ativos e ganhar um rendimento extra.

Há dois tipos de ações: Ordinárias (com direito a voto) e Preferenciais (sem direito a voto, mas preferência nos dividendos).

A Bolsa de Valores é o lugar onde as pessoas e as empresas se encontram para comprar e vender as ações. O pregão não existe mais e as Ações são negociadas via internet.

A BMF&Bovespa é a principal Bolsa de Valores do Brasil.

Quando a empresa vende ações pela primeira vez chama-se Mercado Primário. Ocorre a Oferta Pública Inicial ou IPO'S *(Initial Public Offering)*.

Após a primeira venda de ações pela empresa, essas são negociadas entre os investidores, no Mercado Secundário. Investe-se quase sempre no mercado secundário, onde a maior parte das grandes oportunidades na Bolsa de Valores se encontra.

As corretoras de ações constituem-se em uma ponte entre o investidor e a bolsa de valores. Para comprar e vender ações na Bolsa de Valores, primeiro o investidor precisa abrir uma conta em uma corretora de ações. O ganho delas vem da corretagem que você paga para cada compra e venda de ações que você realiza. Ou seja, quanto mais compras e vendas você faz, mais a corretora ganha.

O preço de uma ação é formado através das leis de oferta e demanda. Se muita gente quer comprar uma ação e pouca gente quer vender, os preços sobem. Se por outro lado, muita gente quer vender uma ação e pouca gente comprar, os preços caem.

O valor de uma ação é definido pelo preço do último negócio. Na Bolsa de Valores, para cada ação, existem 2 grandes listas chamadas de "Livro de Ofertas". Uma lista das pessoas que querem comprar aquela ação e outra lista de pessoas que querem vender aquela ação. Quando uma pessoa está disposta a vender uma ação pelo mesmo preço que a outra está disposta a comprar, efetiva-se o negócio.

O preço de abertura é o valor do primeiro negócio realizado no dia. O preço de fechamento é o preço do último negócio realizado no dia.

Formas de ganhar dinheiro com Ações:

- Pagamento de Dividendos *(Buy-and-hold):* parte do lucro das empresas que é dividido entre os acionistas.
- Rentabilidade (Compra e venda): a empresa quando bem administrada cresce e tem a perspectiva de lucrar mais no futuro.

O Imposto de Renda (IR) sobre os rendimentos é cobrado apenas na saída do investimento e se o resgate for maior do que R$20 mil.

Creio que um fundamento importante para ser estudado com afinco em se tratando de investimento em Ações é como escolher boas ações para comprar.

Recomendo que você converse com os especialistas da sua corretora (mas não esqueça que você é o responsável pelo desempenho de seus investimentos), prefira ações das empresas das quais você consome produtos ou serviços e, antes de investir em uma empresa, conheça suas estratégias, perspectivas de crescimento, comportamento do setor no qual ela atua e a saúde financeira da empresa.

Termos mais utilizados no Mercado de Ações:

Ações ON e Ações PN: a diferenciação diz respeito aos direitos concedidos aos detentores de cada tipo de ação de uma companhia. O portador de ações ordinárias (ON) tem direito a voto nas assembleias da companhia, o que representa capacidade de interferir na gestão da empresa. Já quem detém ações preferenciais (PN) tem direito de voto nas assembleias somente em casos excepcionais, mas tem preferência no recebimento de dividendos gerados pela empresa.

Análise Fundamentalista: é a expectativa de comportamento de preços das ações a partir do estudo das características das empresas. Neste tipo de análise são usadas informações da companhia, como seus balanços, gestores, políticas e informações do mercado em que ela atua além de informações da economia como um todo.

Análise Técnica: também chamada de análise gráfica, projeta o comportamento dos preços das ações a partir de suas cotações passadas. As pessoas que utilizam esta técnica estudam os gráficos em busca de padrões, chamados de figuras gráficas, que, na maioria das vezes, têm um significado relacionado à tendência que a referida ação representa.

Blue Chip: termo inglês originário dos cassinos, usado para designar as ações de primeira linha, ou seja, ações de empresas de maior solidez financeira, que possuem maior volume de negociações.

Small Caps: o termo vem do inglês *small capitalization*, que significa pequena capitalização. São empresas que têm patrimônios menores e as ações são menos negociadas na bolsa, o que representa baixa liquidez, mas que podem ter uma boa valorização ao longo do tempo.

Dividendos: frações do lucro da empresa que são distribuídas entre os acionistas. Pela Lei das S.A., os acionistas têm direito de receber como dividendo obrigatório, em cada exercício, no mínimo, 25% do seu lucro líquido ou a parcela dos lucros estabelecida no estatuto.

Homebroker: sistema de operações do mercado acionário que possibilita aos investidores acessar o pregão da bolsa de valores por meio da internet. Você pode comprar ou vender ações em sua casa através do *Homebroker.*

Ibovespa: é um índice que acompanha a evolução média das cotações das principais ações negociadas na Bovespa.

IPO: sigla que, em português, significa Oferta Pública Inicial. Refere-se à operação de abertura de capital de uma empresa, quando suas ações começam a ser comercializadas na bolsa de valores.

Tesouro Direto

O Tesouro Direto é um programa desenvolvido pelo Tesouro Nacional, juntamente com a BMF&Bovespa, para a venda de títulos da dívida pública brasileira para pessoas físicas.

Boa opção de investimento em renda fixa pelos seguintes motivos:

a) Alta rentabilidade (maior que poupança, previdência privada e CDBs),

b) Diversificação (há vários tipos de títulos, com diferentes prazos e rentabilidade),

c) Baixo investimento inicial (é possível investir a partir de R$ 30 ou 1% do valor do título),

d) Baixo custo (as taxas para investir no Tesouro Direto são inferiores a 0,5% ao ano),

e) Proteção contra a inflação (Tesouro IPCA – boa opção como investimento de longo prazo, especialmente para a aposentadoria),

f) Praticidade (pode ser feito pela internet, sem precisar ir ao banco, a compra e venda dos títulos pode ser realizada pelo próprio site do Tesouro Direto ou pela interface da sua corretora),

g) Segurança (é mais fácil um banco quebrar do que o país inteiro).

Todos os títulos do Tesouro Direto possuem uma data de vencimento. Se você resgatar o investimento antes desta data, poderá perder dinheiro, pois neste caso a rentabilidade contratada não estará garantida. O valor que você irá resgatar será o preço de venda do título naquela data, que pode inclusive ser menor do que o valor investido inicialmente.

Os tipos de títulos do Tesouro Direto disponíveis atualmente são os seguintes:

- LFT (Letras Financeiras do Tesouro): pós-fixados que são remunerados pela taxa Selic. Possui alta liquidez. Recebe juros e uma remuneração principal. Para saber quanto este título paga ao ano, basta consultar a taxa Selic atual.
- LTN (Letras do Tesouro Nacional): pré-fixados, ou seja, tem um valor fixo pelo qual serão resgatados na data do vencimento. Costumam render mais que as LFT. Atualmente, paga 15,51% ao ano, para vencimento em 2018, e 15,44 ao ano para vencimento em 2021.
- NTN-F (Notas do Tesouro Nacional, Série F): pré-fixados como as LTN, porém com pagamentos de juros semestrais (cupons). Atualmente, paga 15,42% ao ano para o vencimento em 2025.
- NTN-B (Notas do Tesouro Nacional, Série B): títulos atrelados à inflação, corrigidos pelo IPCA e acrescidos de uma remuneração pré-fixada. É uma opção para quem quer proteção contra a inflação. Atualmente, paga ao ano 7,07%, 7% e 6,92% para vencimentos em 2020, 2035 e 2050, respectivamente, somados ao IPCA do período.
- *NTN-B Principal:* não tem pagamentos semestrais de juros (cupons), paga toda a remuneração acumulada no vencimento. Ideal para objetivos de

longo prazo. Paga atualmente, 7,03%, 7,09% e 6,99% ao ano para os vencimentos em 2019, 2024 e 2035, respectivamente, somados ao IPCA do período.

Você deve levar em conta os seguintes critérios para escolher os títulos em que investirá:

1. Títulos do Tesouro Direto pré-fixados:

Tesouro prefixado (LTN): Esses títulos são indicados se você acredita que a taxa prefixada será maior que a taxa de juros básica da economia (Selic). O pagamento dos juros desse título só acontece no final do investimento. Ideal para quem não pretende usar os juros como um complemento de renda e pode esperar.

Tesouro prefixado com juros semestrais (NTNF): Esses títulos são indicados se você acredita que a taxa prefixada será maior que a taxa de juros básica da economia (Selic). O pagamento dos juros acontece semestralmente e pode servir como um complemento de renda. Observe que incide Imposto de Renda sobre esses juros semestrais, seguindo-se a tabela regressiva. Se você pretende reinvestir esses juros, vale mais a pena o LTN, que só paga os juros ao final do investimento.

2. Títulos do Tesouro Direto pós-fixados:

Tesouro Selic (LFT): Indicado se você acha que a taxa Selic vai subir, pois a rentabilidade é indexada à taxa de juros básica da economia. O valor de mercado desse título apresenta baixa volatilidade, o que pode ser interessante no caso de haver necessidade de se vender antecipadamente, antes do vencimento. Portanto, é indicado para aquele investidor que não sabe quando precisará resgatar seu investimento. Em caso de se segurar o título, os juros são pagos apenas ao final do vencimento.

Tesouro IPCA + Juros Semestrais (NTNB): Este é especial para aquele investidor que quer preservar o poder de compra de seu dinheiro independentemente da inflação. Ele é corrigido de acordo com o IPCA, somado a um determinado juro. Paga juros semestrais, então é perfeito para quem quer um complemento de renda. Porém, há incidência de imposto de renda de acordo com a tabela regressiva. Se a intenção é reaplicar os juros, talvez seja mais interessante optar por um título da modalidade seguinte.

Tesouro IPCA + Juros (NTNB Principal): Também para aquele investidor que quer preservar o poder de compra de seu dinheiro independentemente da inflação. Ele é corrigido de acordo com o IPCA, somado a um determinado juro. O investidor só recebe o valor investido corrigido pelo IPCA mais os juros contratados ao final, no vencimento do título. Ideal para quem pode esperar até essa data.

Quadro com as principais características de cada título

Título	Rendimento	Remuneração do título
Prefixados		
Tesouro Prefixado 20XX (LTN)	Taxa Contratada	Somente no vencimento
Tesouro Prefixado com Juros Semestrais 20XX (NTN-F)	Taxa Contratada	Semestral e no vencimento
Pós-fixados indexados à Inflação		
Tesouro IPCA$^+$ 20XX (NTN-B Principal)	IPCA + Taxa Contrada	Somente no vencimento
Tesouro IPCA$^+$ com Juros Semestras 20XX (NTN-B)	IPCA + Taxa Contrada	Semestral e no vencimento
Pós-fixados indexados à Taxa Selic		
Tesouro Selic 20XX (LFT)	Selic + Taxa Contrada	Somente no vencimento

Fonte: Tesouro Nacional

No site do Tesouro Nacional você encontra diariamente os preços e as taxas dos títulos públicos disponíveis para a compra. Acesse http://www.tesouro.gov.br.

Investindo em Imóveis

Uma boa opção para o investidor que está procurando formas de aumentar seu patrimônio. Procure por imóveis de baixo padrão, pois as vendas costumam ser mais rápidas.

Observe sempre a documentação dos imóveis. Verifique se o vendedor do imóvel é realmente o proprietário. Solicite no Cartório de Registro de Imóveis a matrícula com certidão de ônus do imóvel. Verifique se o proprietário responde a processo judicial ou é alvo de execuções extrajudiciais (a venda pode ser anulada pelo juiz e você perde o seu dinheiro). Avalie também se há débitos de IPTU, energia elétrica e contas de água antes de fechar negócio.

Você pode investir em terrenos, comprando um terreno barato e aguardar a valorização para vendê-lo ou mesmo alugá-lo. Pode ainda construir um imóvel para vender ou alugar. Procure por terrenos próximos aos grandes centros, pensando em maior valorização.

Construir imóveis para vender ou alugar é uma excelente forma de multiplicar o seu patrimônio.

Vale conhecer a **Regra do 1/3**:

> Custo de 1/3 (ou 33%) para aquisição do terreno.
> Custo de 1/3 para construção, impostos e demais despesas.
> E lucro de 1/3 sobre o preço de venda.

Exemplificando: você adquire um terreno e irá construir um imóvel e vendê-lo. Aplicando a Regra do 1/3: pagaria R$ 50 mil no terreno, investiria $ 50 mil para construir o imóvel e o venderia por R$ 150 mil. Ou seja, obteria um lucro de 1/3, ou seja, um lucro de 50% sobre o capital aportado.

Investir em imóveis na planta: nem todo imóvel na planta é vantajoso se você pretende vendê-lo antes da entrega das chaves para lucrar com o ágio. Existe uma técnica que permite multiplicar a rentabilidade com estes imóveis, pagando 20 a 30% do valor do imóvel para revender 1 a 2 anos depois do início das obras, com ganhos.

Investir em imóveis usados: pode ser uma excelente opção. Para você encontrar um bom negócio, deixe a sua rede de contatos saber que você está procurando imóveis e diga que tem o dinheiro. Então, saia à procura dos imóveis de seu interesse e faça uma proposta. Você pode comprar por um preço abaixo do mercado, fazer uma reforma e revender com enorme lucro em curto prazo. Procure sempre por oportunidades. Importante: prefira imóveis bem localizados, em locais seguros e com 1 ou 2 quartos (são mais fáceis de vender).

Investir em imóveis para locação: aqui o segredo é escolher bem. Procure conhecer as características da cidade em que irá comprar o imóvel e identifique o seu perfil de investidor e em que segmento pretende atuar: imóveis populares, salas comerciais, lojas, etc.

Investir em leilão de imóveis: através de leilões judiciais de imóveis é possível encontrar imóveis com valores abaixo da média do mercado (alguns com até 50% a menos). A forma de pagamento é à vista ou em pequenas parcelas (isto consta no edital do leilão). Alguns destes imóveis possuem débitos de IPTU e/ou condomínio e o ideal é você fazer um levantamento da documentação antes de efetuar a compra. O comprador terá de arcar com essas obrigações após efetuar a compra do imóvel. A dívida de condomínio poderá ser cobrada do antigo proprietário por meio de ação judicial.

A principal preocupação em relação aos imóveis de leilão é o fato de estarem ocupados. Apesar de existir uma lei que prevê a desocupação do imóvel em cerca de três meses, recomendo fortemente que você leia atentamente o edital do leilão e verifique a documentação. Você pode optar também por uma negociação com o ocupante, oferecer arcar com as despesas de mudança e os três primeiros meses de aluguel para desocupação do imóvel. O ideal é entrar com um pedido de imissão de posse e geralmente é necessário contratar um bom advogado para cuidar dos trâmites do processo.

Estratégias de investimento

Rendimento passado não é garantia de rendimento futuro. Acompanhe o mercado. Ao se formular estratégias, a principal questão é que o mercado muda e, conforme o cenário, outras estratégias são necessárias. As estratégias abaixo servirão como exemplo, mas recomendo que, se você tiver dificuldades em traçar estratégias, recorra a um consultor de investimentos. Vale a pena contratar um profissional experiente para auxiliá-lo no cuidado com o seu dinheiro. Mas ainda assim, a responsabilidade do investimento é 100% sua.

Lembre-se que você deve inicialmente avaliar o seu perfil de investidor, ter em mente os seus objetivos financeiros e o prazo em que você necessitará do valor aplicado. E óbvio, conhecer os riscos e a rentabilidade do produto financeiro escolhido.

O mercado financeiro tem diversos atores, como órgãos e autarquias (Banco Central e Comissão de Valores Mobiliários), bancos, corretoras de valores, gestoras de recursos, consultorias de investimento, onde cada um desempenha determinado papel e interage com os demais.

As corretoras de valores são instituições financeiras com múltiplas funções e oferecem diversos produtos de investimentos, tais como aplicações de renda fixa (CDB, LCI, LCA, CRI, CRA, debêntures etc.) e renda variável (ações, ETF), além de fundos de investimento oriundos de diferentes gestores. ETF é a sigla para Exchange Traded Funds e significa fundos negociados em bolsa.

As corretoras orientam os investidores na escolha das aplicações financeiras, principalmente no investimento em ações, podendo cobrar comissões e taxas. Ao comprar e vender ações, é cobrada a chamada taxa de corretagem, que varia conforma a corretora escolhida. No caso de títulos públicos do Tesouro Direto, há corretoras que cobram taxa de administração e outras que não cobram essa taxa. As corretoras de valores necessitam de autorização prévia do Banco Central, sendo supervisionadas e fiscalizadas por ele, pela BM&FBovespa e pela Comissão de Valores Mobiliários.

No site do Banco Central é possível pesquisar informações sobre as corretoras de valores atuantes no Brasil. Conforme informações mercadológicas, 95% dos investimentos dos brasileiros se concentram em cinco instituições: Banco do Brasil, Itaú, Bradesco, Santander e Caixa. Além destas instituições, relatamos as corretoras abaixo:

1 – Easynvest: tem mais de cinco décadas de operação no mercado nacional, tem uma plataforma digital intuitiva e uma grande variação de ativos. Atente às cobranças: para ações é R$ 2,49 por ordem ou R$ 4,99 no mercado padrão, os minicontratos custam R$ 0,05 cada e os contratos tem valor de R$ 0,75. As outras opções são gratuitas, como taxa de custódia, título público, fundos, etc.

2 – XP Investimentos: foi comprada pelo banco Itaú, oferece diversos ativos e possui a opção de pacotes de corretagens para investidores que fazem muitas operações. Atente para os valores cobrados: R$ 8 por ordem de até R$ 10 mil, R$ 18,90 por ordem de corretagem de ações ou fundos imobiliários no swing trade. Investimento no Tesouro, TED e custódias são grátis.

3 – A Rico Corretora dispõe de uma plataforma bem atualizada e de fácil uso, dispondo de quase todos os ativos. Vamos às taxas: R$ 7,50 para day trade, fracionário ou opções. Tesouro, Renda Fixa e abertura de conta não tem custo.

4 – Toro Investimentos: tem uma cartela de ativos menor: commodities, derivativos, renda fixa, variável, tesouro. A abertura de conta, custódia, saques, renda fixa e tesouro não tem custo. As ações custam R$ 8,90 por negociação. Os futuros de ações têm valor de R$ 4,90 por lote.

5 – A Clear Corretora foi comprada pela XP e foi a primeira corretora a zerar os custos de corretagem dos produtos. O ponto forte Clear está na renda variável. Os valores cobrados são subdivididos em grupos: no swing trade a corretagem da mesa é de R$ 40, nas ações há uma cobrança de 0,5% do total para opções de day trade.

6 – Modalmais: é do banco Modal e tem uma plataforma de Home Broker interligada com o banco. O foco está em todo tipo de ativo e os valores são medianos frente ao mercado. Mercado de opções custa R$ 2,49 por ordem, o mini dólar tem custo de R$ 0,05 por contrato. Custódia, TED, Tesouro e fundos imobiliários não tem custo.

7 – A Terra Investimentos trabalha com commodities, derivativos, juros, moedas, renda fixa, variável e Tesouro. A taxa de custódia é gratuita, já para ações no swing trade ficam em R$ 14,90 por ordem, day trade, opções ou fracionário, o valor é de R$ 7,50 por ordem. As TEDs não são cobradas.

As consultorias de investimentos são registradas na Comissão de Valores Mobiliários e fornecem relatórios e as melhores oportunidades de investimento. O objetivo de uma consultoria de investimentos é recomendar as melhores aplicações para uma pessoa de acordo com seu perfil e seus objetivos financeiros, escolhendo os produtos que ofereçam a relação mais adequada entre risco e retorno, cobrando uma taxa de consultoria.

Diversas corretoras de valores e alguns bancos dispõem de home broker, uma ferramenta através da qual os clientes podem comprar e vender suas ações na internet. A Proteste avaliou o home broker oferecido por 10 corretoras no Brasil. Todas foram aprovadas no quesito segurança. A XP ficou em primeiro lugar, com nota máxima em experiência do investidor e segurança, e melhor avaliação final (91%). A Rico Investimentos ficou em terceiro lugar no ranking geral e foi eleita "a escolha certa" pela Proteste, com base em seu desempenho em segurança, experiência do cliente e um dos mais baixos custos. O Banco do Brasil foi o único que exigiu o comparecimento do cliente à agência para abertura de contas e entrega de documentos. As corretoras cobram taxas de corretagem por operação, além das taxas da Bovespa (0,0325% do valor da operação) e o ISS (em geral, de 5%). Entre as que cobram corretagem fixa, os valores variaram de R$ 0,99 (Mirae) a R$ 20 (Banco do Brasil). O Bradesco cobra corretagem em forma de percentual: de 0,1% a 0,25%. O Itaú e o Santander cobram uma taxa fixa e percentual: R$ 10 + 0,3% do valor da ordem e R$ 10 + 0,25%, respectivamente. Quando há cobrança de taxa de custódia, ela é mensal e varia de 0,013% sobre o valor (Banco do Brasil) até R$ 30,88 (Santander). A Rico, XP e a Easynvest não cobram essa taxa. A Ativa, o Bradesco e a Mycap podem isentar os clientes de acordo com o volume ou número de operações no mês ou com o plano escolhido.

Para conhecer o mercado de ações vale visitar o site da BM&FBovespa: http://www.bmfbovespa.com.br.

Há simuladores oficiais sobre o mercado de ações que contam com suporte oficial da BM&F Bovespa e ajudam a conhecer melhor os investimentos em ações: UOL Invest, FolhaInvest e SimulAção. O Simulador da Folhainvest oferece aos participantes a oportunidade de conhecer o funcionamento do mercado de ações na prática. Há alguns anos eu me inscrevi lá, e é um simulador mesmo, você vê a evolução da sua carteira, simula a compra e venda das ações e tem até um ranking. Se você tem medo da Bolsa de Valores e gostaria de ter uma boa ideia de como é investir em Ações, recomendo que acesse o site e faça o cadastro. É gratuito e você ainda pode ganhar prêmios, como cursos presenciais e on-line. Acesse http://folhainvest.folha.uol.com.br. O simulador do UOL Invest possui interface simples de utilizar, onde é possível treinar os conceitos mais usados no mercado de ações. O mecanismo de compra e venda, ordens de stop e start condizem com a realidade e é fácil fazer as operações. Possui bom suporte técnico, seção para dúvidas e permite a criação de grupos com rankings separados. http://uolinvest.economia.uol.com.br. O SimulAção foi lançado pela BM&F Bovespa e simula a experiência de operar em um home broker oferecido por uma corretora. O mecanismo de compra e venda, ordens de stop e start são fiéis ao que propõem as corretoras e as informações estão dispostas de modo semelhante ao que acontece em um sistema real. É muito próximo da realidade e tem todas as ações disponíveis da BM&F Bovespa, permitindo simular negociação de ações de segunda linha. http://www.bmfbovespa.com.br/simulacao.

Para quem está iniciando, eu recomendo que acesse a página informativa do Tesouro Direto: http://www.tesouro.fazenda.gov.br/tesouro-direto. Nesse site você vai ter informações completas sobre este maravilhoso produto financeiro: o que é o Tesouro Direto, quais as vantagens, como investir, os títulos à venda com as taxas de rendimentos, um orientador financeiro virtual (um teste online) para você descobrir o título ideal para você. É fácil de investir e seguro.

O Banco Central do Brasil - BCB tem como missão institucional a estabilidade do poder de compra da moeda e a solidez do sistema financeiro. Esse site disponibiliza diversas informações do sistema financeiro do Brasil. A

Calculadora do Cidadão simula operações do cotidiano financeiro. Você pode simular aplicação com depósitos regulares, valor futuro de capital, comparar o custo de pagar parte da sua fatura de cartão de crédito com outros tipos de crédito, simular um financiamento com prestações fixas, e correção de valores usando a remuneração da poupança, o índice de inflação, a taxa Selic entre outras possibilidades. Tem ainda uma versão para dispositivos móveis. Acesse: https://www.bcb.gov.br/calculadora/calculadoracidadao.asp.

As simulações e recomendações de estratégias de investimento a seguir foram agrupadas conforme a idade do investidor, o valor a ser investido mensalmente, o prazo de aplicação e objetivo financeiro e a renda mensal.

A) *Conforme a idade:*

1. Até 30 anos:

20% em renda fixa e 80% em ações.

A concentração do portfólio em ações se deve ao fato de maior disposição para correr riscos, pois em caso de eventual perda, existem muitos anos à frente para se viabilizar uma recuperação.

Nesse tipo de composição de ativos costuma ocorrer grande oscilação da rentabilidade (justificada em virtude de 80% da alocação em ações), porém o retorno habitualmente é maior que o da renda fixa a longo prazo.

2. Entre 30 e 50 anos:

50% em renda fixa e 50% em ações.

Nesta fase da vida tem-se que ter em mente duas questões: a) os recursos investidos poderão ser necessários para a manutenção do padrão de vida e b) o tempo disponível para repor eventuais perdas é menor. Portanto, idealmente será necessário maior liquidez, minimizar perdas e tentar garantir bons rendimentos. Você necessitará de pelo menos 50% da renda fixa em sua alocação de ativos, garantindo boa liquidez.

Manter 50% da alocação em ações e 50% em renda fixa possibilita uma melhor "estabilidade" do investimento, com menor variação ao longo do tempo, ainda que possa reduzir a rentabilidade a longo prazo, porém com menor risco de perdas.

3. Acima de 50 anos:

80% em renda fixa e 20% em ações.

Aqui o foco passa a ser a aposentadoria, de modo que a disposição ao risco é menor. Idealmente vai-se buscar um portfólio mais conservador, com a renda fixa tomando a maior parte da carteira. As oscilações de patrimônio serão minimizadas, ainda que a rentabilidade fique bem mais baixa.

B) *Conforme o valor a ser investido mensalmente:*

1. *Investindo R$ 500,00 por mês:*

Caderneta de poupança ou Tesouro Direto LFT.

2. *Investindo R$ 1.000,00 por mês:*

40% na poupança + 60% no Tesouro Direto ou

40% na poupança + 60% em fundos DI ou

100% no Tesouro Direto.

3. *Investindo R$ 5.000,00 por mês:*

50% na poupança + 35% em CDB + 15% em LCI ou

50% na poupança + 35% em Tesouro Direto + 15% em LCI ou

100% no Tesouro Direto ou

50% no Tesouro Direto e 50% em Ações.

4. Investindo R$ 10.000,00 por mês:

50% na poupança + 30% em fundos DI + 20% em LCI ou

100% no Tesouro Direto ou

50% no Tesouro Direto e 50% em Ações.

C) *Conforme o prazo de aplicação e o objetivo financeiro:*

1. Reserva de emergência: é um investimento de curto prazo e que idealmente deve ter uma boa liquidez, de preferência diária ou mensal.

Você pode investir em: Caderneta de Poupança, CDB com liquidez diária, LCI e LCA com liquidez diária e fundos de investimento DI e Renda Fixa.

Educadores financeiros Também recomendam o título público LFT para o investimento de uma parte da sua reserva de emergência, pois este título supera a rentabilidade da poupança. A LFT não é um investimento com liquidez diária. Você só pode vender seu título antecipadamente nos dias úteis e o valor só ficará disponível na sua conta 2 dias úteis depois. O Tesouro Selic 2021 (LFT), que vence em 07/03/2021, é indicado para aqueles que querem investir por curto prazo. É um título pós-fixado, uma vez que seu rendimento acompanha as variações da taxa de juros da economia (SELIC). Isso significa que se a taxa Selic aumentar, a sua rentabilidade aumenta, e se a taxa Selic diminuir, a sua rentabilidade diminui. Esse investimento garante que, mesmo em caso de resgate antecipado, o montante do dinheiro resgatado será superior ao inicialmente investido. Como não paga juros semestrais, é mais interessante para quem pode deixar o dinheiro render até o vencimento do investimento.

2. Programar uma viagem

Se a viagem for no Brasil, o Tesouro Direto pode ser uma boa alternativa, por garantir mais rentabilidade e menos risco. Veja o Tesouro Selic 2021 (LFT), que vence em 07/03/2021 ou ainda o Tesouro IPCA+ 2019 (NTN-B Principal), que vence em 15/05/2019, sendo indicado para aqueles que querem investir por médio prazo. É um título pós-fixado, uma vez que parte de seu rendimento acompanha a variação da taxa de inflação (IPCA). Ele aumenta o poder de compra do seu dinheiro, pois seu retorno é composto por uma taxa de juros predefinida + variação da inflação (IPCA). É mais interessante para quem pode deixar o dinheiro render até o vencimento do investimento, pois não paga juros semestrais. Em caso de resgate antecipado, o Tesouro Nacional garante sua recompra pelo seu valor de mercado.

Se você for viajar para o exterior, a melhor opção de investimento pode ser o fundo cambial, que protege da volatilidade do dólar. Faz o processo chamado de hedge cambial, sendo este fundo composto por títulos atrelados à variação do câmbio e aplicações em títulos que pagam juros sobre a oscilação da moeda, taxa chamada de cupom cambial. Mas o risco desse tipo de aplicação costuma ser maior do que os fundos de renda fixa, o que significa que você pode aplicar uma quantia e resgatar menos do que foi investido.

Meta: reunir R$ 7000,00 (passagens e hospedagem R$ 5 mil + R$ 2 mil para gastos extras) em um prazo de 12 meses.

Considerando uma renda mensal de R$ 15 mil

Reserva: R$ 2 mil

Estratégia: aplicar R$ 415 mensalmente, por 12 meses.

Carteira sugerida: Poupança, Fundos DI, CDB.

3. Comprar um carro:

Meta: reunir R$ 50 mil em um prazo de 36 meses (3 anos).

Considerando uma renda mensal de R$ 10 mil

Estratégia: aporte mensal de R$ 1,4 mil.

Carteira sugerida: LCI e LCA, que não têm cobrança de imposto de renda, ou um CDB de bancos médios que podem oferecer bom retorno para um prazo curto. Gosto ainda do Tesouro Direto, por ser mais prático e fácil de investir.

4. Comprar uma casa ou apartamento

Meta: R$ 200 mil para comprar uma casa em 5 anos (60 meses).

Prazo total do investimento: 48 meses.

Renda mensal familiar: R$ 20 mil

Reserva: R$ 50 mil

Estratégia de investimento: aplicar R$ 2,5 mil mensalmente.

Carteira sugerida: Fundo DI, Fundo de ações, fundo multimercado fundo de renda fixa, ações e poupança. Você pode, por exemplo, aplicar 10% em ações, 40% em renda fixa e 50% em fundos multimercados.

D) *Conforme a renda mensal:*

1. Se você ganha até R$ 1 mil por mês: economizando 20% do que ganha, poderá investir R$ 200 e investir esse dinheiro em uma poupança, com juros de 6% ao ano + TR (Taxa Referencial). Em 12 meses você terá R$ 2,5 mil e em 5 anos, R$ 15 mil O bom é que é isento de imposto de renda.

Outra opção é investir em Tesouro Direto. Você pode começar a investir a partir de R$ 100 É indicada para investimentos de médio e longo prazos. Se deixar o dinheiro aplicado por menos de 30 dias haverá a incidência de IOF. Depois de 30 dias incide o imposto de renda, conforme uma tabela progressiva.

2. Se você ganha em torno de R$ 3 mil por mês: economizando 20% do que ganha, poderá investir R$ 600 e aplicar esse valor em Tesouro Direto. Diversifique em termos de prazo e quanto ao tipo de aplicação (títulos prefixados e pós-fixados e data de vencimento das aplicações.

Pode ainda investir em Renda Fixa: fundos que requerem um investimento inicial maior costumam oferecer rendimento maior e taxa de administração menor. E à medida que for acumulando mais dinheiro, as taxas bancárias poderão ser reduzidas. Verifique o rendimento destes fundos nos últimos 12 a 24 meses.

3. Para quem ganha entre R$ 5 mil a R$ 8 mil: você deveria investir entre R$ 1 mil a R$ 2,4 mil por mês, mas quanto maior a renda mensal, geralmente maior o gasto mensal. Conforme o perfil do investidor:

- Perfil conservador: pode-se investir em Tesouro Direto ou CDB.
- Perfil moderado: Tesouro Direto, CDB, fundos de ações e fundos multimercados.
- Perfil agressivo: fundos de ações ou ações.

4. Para quem ganha mais de R$ 10 mil

- Perfil conservador: Tesouro Direto, CDB, planos de previdência privada, fundos de ações e fundos multimercados.
- Perfil mais agressivo: Ações.

E) *Visando a aposentadoria:*

Meta: acumular 2,5 milhões de reais para se aposentar aos 60 anos.

Prazo total do Investimento: 20 anos.

Renda mensal: R$ 20 mil

Reserva: R$ 30 mil

Estratégia de investimento: investir R$ 3 mil reais por mês.

Carteira de investimento: 30% em Ações da Bolsa de valores, 45% em fundos multimercado, 15% em Tesouro direto IPCA 10% em CDBs de bancos médios.

Você pode programar a sua aposentadoria com os produtos financeiros abaixo:

1. Previdência Privada Aberta:

Divididos entre planos individuais VGBL (Vida Gerador de Benefício Livre) e PGBL (Plano Gerador de Benefício Livre), estes planos são ideais para quem tem menos de 30 anos. A partir dos 30 anos, estes planos passam a ser menos vantajosos.

Ao contratar um plano de previdência privada, você deve observar as taxas cobradas de carregamento e administração. Estudos demonstram que as taxas cobradas pelos bancos nestes planos podem consumir em torno de 30% dos rendimentos acumulados num prazo de 30 anos. Há ainda a cobrança do Imposto de Renda, que varia de 27,5% a 7,5%, de acordo com o tempo do investimento e a quantia acumulada.

2. Fundos de Pensão Coletivos:

Os fundos de pensão coletivos ou previdência complementar fechada são fundos patrocinados por empresas que oferecem o benefício para reter talentos e são a alternativa mais rentável para complementar a aposentadoria. As empresas aplicam parte dos recursos importante conhecer todas as regras do contrato, para saber o que acontece em caso de desligamento do funcionário da empresa e se o fundo é bem fiscalizado.

3. Renda Variável (ações e fundos imobiliários):

Investir em renda variável no longo prazo pode garantir rendimentos maiores no futuro, apesar dos riscos. Prefira ações mais conservadoras, de empresas sólidas e que tenham tradição de pagar dividendos todos os anos aos acionistas, de empresas que costumam oscilar menos na Bolsa (máximo de 10% ao ano). Ao escolher as ações para investir, avalie o pagamento dos dividendos, a valorização dos papéis e se a empresa apresenta um balanço financeiro positivo. Os fundos imobiliários garantem uma renda de aluguel sem necessitar um alto investimento inicial.

4. Tesouro Direto:

O Tesouro Direto atrelado ao IPCA é um bom investimento para o longo prazo, como é o caso das NTN B (Notas do Tesouro Nacional, série B), com títulos que vencem até 2045. Eles remuneram a variação da inflação no período, mais uma taxa de juros fixa, combinada no momento da compra dos papéis. A liquidez é alta, podendo o capital ser resgatado a qualquer momento, mas o rendimento combinado só será pago se o resgate ocorrer no prazo estabelecido. Esses títulos não cobram taxa de administração, mas incide Imposto de Renda sobre os rendimentos.

Tesouro Prefixado 2023 (LTN): esse título vence em 01/01/2023. É indicado para aqueles que querem investir por médio ou longo prazo. É um título prefixado.

Tesouro IPCA+ 2024 (NTN-B Principal): esse título vence em 15/08/2024. É indicado para aqueles que querem investir por médio ou longo prazo. É um título pós-fixado, uma vez que parte de seu rendimento acompanha a variação da taxa de inflação (IPCA). Ele aumenta o poder de compra do seu dinheiro, pois seu retorno é composto por uma taxa de juros predefinida + variação da inflação (IPCA).

Tesouro IPCA⁺ 2035 (NTN-B Principal): esse título vence em 15/05/2035. É indicado para aqueles que querem investir por longo prazo.

5. Imóveis:

Bom para variar a sua fonte de renda. Lembrar que o imóvel necessita de reformas para evitar depreciação, tem baixa liquidez e a rentabilidade do aluguel nem sempre é compatível com o valor do imóvel. Uma alternativa são os fundos imobiliários, que não necessitam de investimento inicial alto.

6. Carteira de Investimentos:

Você pode formar uma carteira de investimentos com renda fixa, renda variável e imóveis. No caso de renda fixa, observe investimentos com baixa taxa de administração e verifique a rentabilidade passada do mesmo. Você pode investir em imóveis para alugar ou em fundos imobiliários.

Capítulo VIII
Desafios da atualidade: a Saúde 4.0, a Telemedicina e a presença do Médico nas Redes Sociais

A Quarta Revolução Industrial ou Indústria 4.0 utiliza novas tecnologias, levando a uma transformação digital a muitas empresas, e a área da saúde também foi impactada com essas transformações. E é neste contexto que denominamos Saúde 4.0 às transformações que a tecnologia disponibilizada pela quarta revolução industrial segue transformando as operações e trazendo soluções inovadoras à saúde com automatização, computação em nuvem, comunicação instantânea e aplicativos de saúde digital.

As quatro fases das revoluções industriais se deram da seguinte forma: 1ª fase: início da mecanização dos processos, quando toda a produção era feita manualmente; 2ª fase: produção em massa e uso da eletricidade; 3ª fase: tecnologia da informação e investimentos em computação e telecomunicações; 4ª fase: economia colaboradora, inteligência artificial, tecnologias disruptivas. Ainda que essas revoluções ocorram à nível industrial, elas impactam a sociedade, quer nas suas relações pessoais e trabalhistas, quer no estilo de vida, refletindo no autocuidado e na relação médico-paciente.

Desde o advento do computador e da internet, estávamos em uma fase de informatização, com impacto em nossas rotinas de trabalho médico. Atualmente ocorre uma transformação mais profunda, com impacto no desenvolvimento de novos tratamentos, na gestão da saúde, no acompanhamento dos pacientes e no autocuidado. Alguns softwares podem facilmente levantar informações a respeito dos usuários de planos de saúde e avaliar ações preventivas que podem ser adotadas, podem disponibilizar conhecimento on-line, monitorizar a saúde dos usuários e facilitar a tomada de decisão pelo profissional de saúde. Pode-se identificar agravos de saúde prevalentes nas fases da vida (crianças e adolescentes, jovens, meia-idade, idoso, ancião e a velhice extrema) e idealizar programas de prevenção destes agravos, tais como: obesidade em crianças e adolescentes, doenças crônicas (como diabetes e hipertensão), ações para melhorar a qualidade de vida na meia-idade e idosos, atenção à saúde mental.

A saúde 4.0 traz consigo soluções digitais que levam a uma maior rapidez na identificação do perfil de saúde dos usuários e na identificação dos grupos de risco, com consequente promoção da atenção primária (promover cuidados preventivos tais como: controle de peso, controle de estresse e ansiedade, alimentação saudável e exercícios físicos regulares, acompanhamento de doentes crônicos, ações para a terceira idade); tecnologias responsáveis por criar, armazenar e compartilhar informações sobre os pacientes respeitando o sigilo médico e as leis de proteção de dados.

O uso dessas tecnologias possibilita, através da coleta e análise das informações, compreender melhor os perfis dos pacientes, de modo a tornar a abordagem mais específica e particularizada, focada nas necessidades de cada paciente, com soluções mais resolutivas e efetivas. A Saúde 4.0 dispõe das seguintes tecnologias aplicadas à saúde: sistemas na nuvem voltados para a saúde, dispositivos médicos, internet das coisas, o Big data e a telemedicina, dentre outros.

A utilização de sistemas na nuvem voltados para a saúde, com as informações contidas nos prontuários eletrônicos e podendo ser compartilhadas de qualquer lugar e a qualquer momento, facilitam a atualização dos cadastros e o monitoramento de pacientes, com destaque para a segurança no armazenamento de dados, redução do impacto ambiental por diminuir o uso de papéis e corte nos custos operacionais. A proposta para o prontuário eletrônico em 2020 é a de ampliar as suas funcionalidades, com a integração de diferentes serviços: acesso do paciente ao prontuário de modo que ele mesmo atualize seus dados cadastrais, melhor interação do paciente com seu conteúdo clínico, ferramentas para auxiliar a decisão clínica, dados financeiros integrados e garantir a segurança dos dados.

Dispositivos médicos que impactam a produção, importação e distribuição de: camas de hospital, implantes, curativos, equipamentos de Raio-X, aparelhos de ultrassom etc. Em 25 de setembro de 2019 foi publicada no Diário Oficial da União a Resolução da Diretoria Colegiada – RDC

Nº 305, que falava especificamente sobre os requisitos para fabricação, comercialização, importação e exposição ao uso de dispositivos médicos personalizados.

A internet das coisas ou IoT (em inglês Internet Of Things) traduz a ideia de integrar o mundo real ao digital, ou ainda, é a integração de objetos do nosso cotidiano com a computação e a internet. Os smartwatches atualmente são capazes de cuidar da saúde do usuário, monitorando a frequência cardíaca e avisando se algo estiver errado, monitoram o sono dos usuários, ajuda a acompanhar o ciclo menstrual, avisa quando um ruído atinge o nível que pode afetar sua audição. A IoT está sendo aplicada na modernização de análise de exames laboratoriais, permitindo que os diagnósticos sejam mais completos, precisos e seguros.

O Big Data refere-se à coleta, análise e interpretação de um grande volume de dados, originados de diferentes fontes. Na gestão em saúde, seu objetivo é identificar características semelhantes entre indivíduos de um mesmo grupo, de modo a contribuir para a redução nos custos de pesquisas e nas previsões de diagnósticos. Ao utilizar as técnicas de Big Data para traçar um perfil, é possível prever complicações e monitorar a efetividade de tratamentos.

A Telemedicina já vem sendo aplicada em diversas situações, não é um evento novo, permite que o tratamento seja feito a distância, possibilitando a monitorização da saúde do paciente a distância. A Telemedicina foi autorizada e, em seguida, revogada pelo CFM no primeiro trimestre de 2019, mas com a crise da saúde gerada pelo novo coronavírus, o Conselho Federal de Medicina, através do

Ofício nº 1756/2020 do CFM, autoriza a prática da Telemedicina, liberando as práticas de Teleorientação, Telemonitoramento e Teleinterconsulta em caráter de excepcionalidade e enquanto durar a batalha de combate ao contágio da COVID-19.

Com a expansão rápida e abrangente das healthtechs (startups voltadas a resolverem os problemas do setor de saúde) a partir de 2020, esperam-se melhorias na oferta de serviços de saúde, soluções inovadoras para os cuidados médicos, otimização dos serviços de saúde pessoal, prevenção e do sistema que realiza sua gestão. Desenvolvimento de novas tecnologias para procedimentos cirúrgicos, protótipos de exoesqueletos robóticos e outras invenções também estão relacionadas a este mercado. As principais atividades das healthtecs são: medicina preventiva, para evitar ou minimizar efeitos das doenças; medicina preditiva para identificar a predisposição de algumas doenças; medicina proativa, que estreita e prolonga a relação médico-paciente positivamente e de maneira suportada pela tecnologia; medicina personalizada, com o uso de dados pessoais ou do segmento para personalizar tratamentos e otimizar processos de gestão. Há ainda uma tendência de aplicação sistemática de soluções de Inteligência Artificial em saúde para auxiliar no diagnóstico de doenças a partir do cruzamento de informações e na gestão com a identificação de padrões no preenchimento de formulários e relatórios.

A Telemedicina

O novo coronavírus (SARS-CoV-2), causador da Covid-19, desencadeou grave crise de saúde pública e a Organização Mundial de Saúde recomendou o isolamento social como medida não farmacológica de prevenção em saúde e a proteção dos profissionais de saúde. Nesse contexto a telemedicina despontou como uma opção e instrumento de apoio diagnóstico e de orientação ao tratamento da Covid-19.

Os primórdios da telemedicina apontam para o século XIX, inicialmente com a transmissão de informações médicas através de um telégrafo, e o telefone possibilitou a troca de informações mediante a comunicação por voz. Os aparelhos de fax possibilitaram o envio de laudos e resultados de exames. O código Morse e as ondas do rádio também foram utilizados como instrumento para a telemedicina. A Nasa na década de 1960 monitorava os astronautas e seus sinais vitais através da Telemedicina.

Na década de 1990 os Estados Unidos começaram a utilizar a internet como instrumento de telemedicina e em 1993 foi fundada a American Telemedicine Association (ATA), sediada em Washington, nos Estados Unidos. Em 1999 houve a declaração de Tel Aviv publicada pela Associação Médica Mundial que procurou estabelecer padrões éticos para o exercício da Telemedicina.

A telemedicina aplica a tecnologia da informação e comunicação ao campo da saúde e fornece serviços médicos para expandir a atenção e a cobertura, reduzindo as barreiras geoespaciais. Ela atende aos desafios do sistema médico e leva em consideração seus princípios básicos, como maior justiça, conveniência de acesso, maior qualidade e menores custos. Ao mesmo tempo, expande o acesso a serviços médicos especializados, melhora a qualidade dos cuidados de saúde, reduz o tempo entre o diagnóstico e o tratamento, racionaliza custos e apoia a vigilância epidemiológica, contribuindo para a detecção e rastreio de agravos de saúde.

O Projeto de lei 696/2020 autorizou o uso da telemedicina durante o período de pandemia pelo SARS-CoV-2 e valida as receitas médicas emitidas digitalmente com assinatura eletrônica ou digitalizada, sem exigir que sejam validadas por ICP-Brasil.

O Conselho Federal de Medicina através do Ofício CFM Nº 1756/2020 reconheceu a utilização da telemedicina, nos seguintes termos:

- Teleorientação: para que profissionais da medicina realizem à distância a orientação e o encaminhamento de pacientes em isolamento.

- Telemonitoramento: ato realizado sob orientação e supervisão médica para monitoramento ou vigência à distância de parâmetros de saúde e/ou doença.

- Teleinterconsulta: para troca de informações e opiniões entre médicos, para auxílio diagnóstico ou terapêutico.

No Brasil, o médico pode realizar, através da Telemedicina: emitir receitas e atestados médicos à distância, desde que assinados com certificado digital no padrão da Infraestrutura de Chaves Públicas Brasileira – ICP-Brasil; enviar receitas e atestados através de um serviço de entrega, desde que o envelope esteja lacrado ou mediante meio eletrônico. A remuneração das consultas particulares deve ser acordada entre o médico e a paciente. As limitações do atendimento remoto devem ser relatadas ao paciente. Os atendimentos remotos gratuitos e voluntários também prescindem de esclarecimentos pré e pós atendimento. O médico deve solicitar ao paciente que manifeste seu consentimento para a realização do atendimento através da plataforma utilizada para a comunicação.

Todas as especialidades médicas estão autorizadas a realizar consultas on line, visto que 80% dos diagnósticos podem ser identificáveis através da anamnese. Até mesmo casos de urgência médica podem ser atendidos por teleconsulta, podendo o médico solicitar exames complementares, prescrever medicações de alívio e orientar o paciente. Evidente que casos de emergência médica exigem que sejam acionados os serviços de resgate e/ou a procura de um serviço de emergência.

A teleconsulta é a possibilidade de realizar uma consulta médica de forma remota, por meio de tecnologias seguras de comunicação online, como videoconferência ou aplicativos de vídeo-chamadas utilizando computadores, tablets ou smartphones. Pode ser feita entre médicos ou entre médico e paciente, podendo ser Síncrona, ou seja, a interação é imediata (exemplo: via videoconferência ou telefone) ou Assíncrona quando ocorre em horários diferentes e sem interação direta entre o paciente e o médico (exemplo: através de e-mail).

Marketing médico: o marketing digital e a presença nas redes sociais

As ações de marketing digital possibilitam a sua marca ou serviço ser visualizado por um número maior de clientes potenciais. Você pode se utilizar de postagens em um blog, em redes sociais, e-books, palestras on-line e outros, para divulgar seu trabalho e assim ganhar autoridade e se tornar conhecido. A partir do compartilhamento de informações que você disponibiliza para o seu público, você estreita seu relacionamento com eles, os fideliza e ainda pode monitorar o resultado dessas ações através dos próprios canais da web.

Lembro que minha sobrinha uma vez perguntou-me se eu tinha conta no Twitter ou no Orkut, e eu lhe respondi que não. Ela, então, me disse prontamente: "Tia, então você não existe virtualmente!". A mesma questão coloco aqui para você, profissional de saúde, com seu consultório ou clínica: você existe virtualmente? A presença nas redes sociais acontece espontaneamente. O cliente está lá, o profissional de saúde também está – ainda que nem sempre se valha de postagens programadas e direcionadas para o marketing. Tornar essa presença do médico nas redes sociais relevante e ao mesmo tempo respeitar o Código de Ética Médica é o segredo e exige a preocupação em construir estratégias éticas de marketing digital, um bom gerenciamento dessas campanhas, de modo a propiciar oportunidade de novos clientes e negócios.

O Marketing Digital é o marketing realizado em ambiente digital e se utiliza de ferramentas como redes sociais, e-mail marketing e sites. O ambiente web permite que os médicos se aproximem mais de seu público, sendo conveniente uma comunicação correta e criar estratégias de marketing, analisar e definir objetivos a serem alcançados e conhecer bem o seu público-alvo.

O mundo digital permite ao médico: entender melhor seu público; conquistar mais clientes; receber feedbacks; melhorar o relacionamento com os clientes; gerar leads; reforçar os diferenciais competitivos e aumentar a rentabilidade.

Para estruturar uma campanha digital de sucesso é importante fazer um estudo de personas, analisar a concorrência, fazer um estudo de palavras-chaves e analisar em quais canais irá veicular sua campanha.

Persona é um personagem fictício que representa o cliente ideal e é baseado em dados de clientes reais (analisa-se: comportamento, dados demográficos, problemas e objetivos). Buyers personas são arquétipos de clientes reais que ajudam profissionais de marketing a elaborar estratégias para promover seus produtos e serviços - é uma ferramenta de segmentação de mercado e é a base do Marketing Digital. O profissional médico deve ter bem definido quem deseja alcançar, para quem produz os conteúdos, com quem pretende se comunicar, educar e engajar, pois toda estratégia de marketing é direcionada aos clientes. Levante informações sobre os seus possíveis clientes: quem são essas pessoas e como são suas rotinas; quais são seus objetivos e suas necessidades; quais problemas elas enfrentam; como você pode ajudar essas pessoas; qual a linguagem adequada para se comunicar com essas pessoas; em quais canais de comunicação elas buscam por informação; que tipo de conteúdo elas costumam consumir e qual é a jornada de compra dessas pessoas.

A análise da concorrência é fundamental antes de começar a estruturar a estratégia de marketing digital. Recomenda-se fazer um levantamento de quem se destaca na sua especialidade, quem são seus maiores concorrentes e assim criar uma lista de quais concorrentes valem a pena serem acompanhados. Avalie que tipo de conteúdo estão produzindo, que tipo de linguagem estão usando,como o público está se comportando, quais são os erros que estão sendo cometidos e quais ações são mais assertivas.

As palavras-chaves ou keywords são termos usados para descrever de forma específica o desejo de busca dos usuários nos serviços de pesquisa da internet e servem para trazer resultados mais relevantes. Para ser encontrado na internet importa fazer um bom estudo de palavras-chave e encontrar os termos mais interessantes para a sua produção de conteúdo. Esses termos devem ter um bom volume de busca. Você pode utilizar ferramentas como o SEMRush e o Google KeyWord Planner para organizar uma lista de termos que irão te ajudar a responder às dúvidas dos seus clientes e criar conteúdos otimizados para eles.

É relevante fazer uma análise de canais de modo a compreender quais são os obstáculos das suas estratégias. Observe se o seu site contém informações relevantes a respeito da especialidade, se existem descrições sobre os serviços oferecidos, informações de contato e endereço. Um site completo, funcional e otimizado, que ofereça informações e conteúdos relevantes, ajuda a engajar o seu público e se torna uma vitrine do seu serviço.

Avalie se a sua exposição nas redes sociais contribui para a sua imagem e se possibilita uma interação adequada com os seus clientes. As redes sociais constituem-se hoje como um canal de comunicação e veiculam a sua imagem. Portanto, é fundamental que você gerencie corretamente as suas redes sociais, oferecendo conteúdos e formatos que gerem engajamento. Esses canais de comunicação constituem-se em ferramentas para melhorar a sua relação com o público e divulgar seus serviços e produtos. Observe se as interações são boas e se não estiverem sendo adequadas, melhore o conteúdo oferecendo o que o seu público deseja consumir.

Antes mesmo de começar a estruturar a sua estratégia de marketing, defina o objetivo, as metas que você deseja alcançar e quais os indicadores-chave de sucesso para cada meta definida, pois isso possibilita escolher as melhores ações de marketing e como mensurar se está tendo resultados ou não com cada campanha.

O médico precisa ter em mente as peculiaridades da sua profissão, pois precisa seguir os preceitos éticos estabelecidos pelo Código de Ética Médica. Tenha sempre em mente divulgar informações atualizadas e de fácil compreensão, divulgando temas pertinentes a sua especialidade para seus pacientes.

Recomendo que você mesmo gerencie a sua rede social. É óbvio que existem empresas que realizam esse trabalho, produzem o conteúdo e os publicam nas redes sociais. Mas a interação médico-paciente é algo bem peculiar e deve ser estendida às redes sociais. Ninguém melhor do que você para conhecer o seu público-alvo e decidir o conteúdo a ser divulgado, o tipo de linguagem que você vai utilizar e a forma de interação. A relação com o seu paciente é responsabilidade sua, comprometa-se com a comunicação com ele, saiba interagir e atingir o seu cliente. Faça um cronograma das postagens e conteúdos a serem publicados. Cuide do visual dessas postagens. Você pode utilizar programas de edição de imagens, bancos de imagens e também gravar vídeos.

Os anúncios médicos deverão conter, obrigatoriamente, os seguintes dados: nome do profissional; especialidade e/ou área de atuação, quando registrada no Conselho Regional de Medicina (CFM); número da inscrição no CFM e número de registro de qualificação de especialista (RQE).

O médico pode anunciar sua área de atuação e os títulos de especialista que registrar no CRM local, porém só poderá anunciar, no máximo, duas especialidades, pois o Decreto-lei 4.113/42 proíbe de fazer referência a mais de duas especialidades.

O material publicitário pode conter informações a respeito dos aparelhos que dispõe no consultório ou clínica, mas não pode afirmar que o equipamento garanta determinado resultado.

O Conselho Federal de Medicina através da Resolução CFM 1974/11 explicita as regras da publicidade médica, de modo a evitar abusos e promover a propaganda ou publicidade de serviços médicos respeitando a ética. Acesse o link: https://portal.cfm.org.br/publicidademedica/pubpropaganda 7.html

É vedado ao médico:

Fazer uso da imagem de pacientes, mesmo que estes o autorizem.

Usar expressões tais como "o melhor", "o mais eficiente", "resultado garantido"..

Apresentar de forma abusiva, enganosa ou assustadora representações visuais das alterações do corpo humano causadas por doenças ou lesões; todo uso de imagem deve enfatizar apenas a assistência.

Incluir mensagens, símbolos e imagens de qualquer natureza dirigidas a crianças ou adolescentes, conforme classificação do Estatuto da Criança e do Adolescente.

Fazer afirmações e citações ou exibir tabelas e ilustrações relacionadas a informações científicas que não tenham sido extraídas ou baseadas em estudos clínicos, veiculados em publicações científicas, preferencialmente com níveis de evidência I ou II.

Utilizar gráficos, quadros, tabelas e ilustrações para transmitir informações que não estejam assim representadas nos estudos científicos e não expressem com rigor sua veracidade.

Anunciar especialidades para as quais não possui título certificado ou informar posse de equipamentos, conhecimentos, técnicas ou procedimentos terapêuticos que induzam à percepção de diferenciação.

Participar de campanha social sem ter como único objetivo informar ações de responsabilidade social do profissional ou do estabelecimento de saúde, não podendo haver menção a especialidades ou outras características próprias dos serviços pelos quais são conhecidos.

Fazer referência a ações ou campanhas de responsabilidade sociais às quais estão vinculados ou são apoiadores em peças de propaganda ou publicidade de médicos ou estabelecimentos de saúde.

Participar de anúncios de empresas ou produtos ligados à Medicina, dispositivo este que alcança, inclusive, as entidades sindicais ou associativas médicas.

Permitir que seu nome seja incluído em propaganda enganosa de qualquer natureza ou que circule em qualquer mídia, inclusive na internet, em matérias desprovidas de rigor científico.

Fazer propaganda de método ou técnica não aceito pela comunidade científica.

Expor a figura de seu paciente como forma de divulgar técnica, método ou resultado de tratamento, ainda que com autorização expressa do mesmo.

Realizar anúncio de pós-graduação para a capacitação pedagógica em especialidades médicas e suas áreas de atuação, mesmo que em instituições oficiais ou por estas credenciadas, exceto quando estiver relacionado à especialidade e área de atuação registrada no Conselho de Medicina.

Apresentar nome, imagem e/ou voz de pessoa leiga em medicina, cujas características sejam facilmente reconhecidas pelo público em razão de sua celebridade, afirmando ou sugerindo que ela utiliza os serviços do médico ou do estabelecimento de saúde ou recomendando seu uso.

Divulgar preços de procedimentos, modalidades aceitas de pagamento/parcelamento ou eventuais concessões de descontos como forma de estabelecer diferencial na qualidade dos serviços.

Por ocasião das entrevistas, comunicações, publicações de artigos e informações ao público, o médico deve evitar: fazer sua autopromoção e sensacionalismo, angariar clientela; fazer concorrência desleal; pleitear exclusividade de métodos diagnósticos e terapêuticos; e ganhar lucros de qualquer espécie ou permitir a divulgação de endereço e telefone de consultório, clínica ou serviço.

As redes sociais estão cada vez mais presentes no dia-a-dia das pessoas, quer seja através de um computador, quer seja por intermédio de um smartphone. E nesse período de isolamento social imposto pelo novo coronavírus, os acessos às redes sociais propiciam maior interação social, novas amizades, teleconsulta, busca de informação, entretenimento e refrigério para a saúde mental.

Uma nova forma de trabalho emergiu desse período e a adaptação do médico a essa nova realidade encontra-se em curso. O home office está mais e mais oficializado, os sistemas de entregas de produtos sem contato físico têm sido recomendados. E nesse contexto, cabe ao médico reinventar a sua atividade de diagnosticar e prescrever.

O domínio do marketing digital pelos profissionais da saúde tem sido aprimorado mediante o estudo dos propósitos, formas e métricas dessas redes. E é fato que a graduação não aborda o tema e não prepara o futuro profissional para o manuseio desses canais de comunicação.

Os médicos passam a comunicar-se e promovem o seu trabalho, fortalecem a sua marca através do Facebook, Instagram, Twitter e YouTube. E essa maior presença do médico nas redes fomenta informações de qualidade sobre saúde e o projetam como uma autoridade, podendo o seu conteúdo se tornar relevante a ponto de ser consumido diariamente pelas pessoas. Quanto maiores forem o número e a qualidade dessas interações, mais a marca se beneficia em termos de posicionamento e autoridade na área.

Recomenda-se evitar criar perfis que levam os clientes a buscar a perfeição, tais como: o corpo perfeito, a alimentação mais adequada e os hábitos mais convenientes. Esse tipo de post é inadequado, visto que a rotina dos pacientes é distinta da rotina do profissional de saúde e pode influenciar o comportamento do cliente potencial, induzindo o outro a "copiar" a estratégia e se frustrar ao não corresponder à promessa. O profissional pode indicar técnicas de boa alimentação e exercícios físicos para os seus pacientes, mas deve ter cuidado com os excessos e com a criação de ideais. Não sugira um alvo inatingível, porque isso pode distanciar seu paciente da sua clínica. Existe uma diferença significativa entre um médico com bons hábitos e atualizado que cativa seus pacientes e atrai a atenção pelo modo como divulga seu conhecimento e um médico que assume uma posição distante, idealizada e sobre-humana. Se você não quer os pacientes mal informados, assumindo riscos à própria vida, não ofereça um padrão de saúde a ser seguido.

Evite utilizar seus canais de comunicação para dar aulas de medicina. Há canais para divulgar conhecimento científico, com utilização de termos técnicos, mas esse tipo de linguagem deve ser evitada ao se comunicar com os leigos. O que eles precisam é de uma linguagem fácil e compreensível, de modo que compreendam a informação repassada. É importante que o cliente compreenda o que você está explanando a respeito da doença. Encontre um equilíbrio ao responder as dúvidas do paciente, pois este tem seu conhecimento baseado no senso comum e se você não adaptar a comunicação e o conteúdo, corre o risco de publicar apenas para os profissionais da saúde. A recomendação é não transformar as suas redes sociais em uma sala de aula. Construa a sua narrativa a partir das dúvidas de seus pacientes. Isso é possível a partir da prática clínica, com as dúvidas frequentemente trazidas à tona em uma consulta, bem como através de pesquisa das dúvidas mais relevantes em sites especializados.

Através de uma pesquisa de satisfação é possível conhecer o pensamento dos seus pacientes. Ouça com atenção o seu paciente, esteja próximo a ele e disponível para responder as dúvidas . O paciente fornece dicas para você aprimorar suas técnicas de atendimento e de comunicação.

Valorize seu público e evite expressar um nível exibicionista de conhecimento nas redes sociais. Fale com seu público-alvo sobre aquilo que seus pacientes querem saber.

Evite divulgar soluções mágicas. Prefira um texto informativo, com evidências científicas, evite prescrições generalistas e trate os temas com seriedade. Não ofereça a solução direta, simples e generalista. Você informa e oferece a possibilidade de o paciente chegar a você e ou a sua clínica. Disponibilize a possibilidade de o paciente agendar uma consulta online após ler a sua publicação informativa.

Facilite o agendamento das consultas. Crie um site ou um aplicativo para o cliente acessar a agenda da sua clínica e escolher o melhor horário para a consulta. Conecte o mundo real ao digital e ofereça a melhor experiência e autoridade ao seu cliente.

Dicas de Marketing Médico Pessoal no Facebook:

Crie uma Fanpage com o seu nome (o seu nome é a sua marca profissional) que contenha o endereço do seu consultório ou clínica, o horário de atendimento e os contatos (telefone, celular, email, formulários de contato dentro do site. Pode incluir a sua especialidade no nome da fanpage pois quando um paciente lhe procurar a especialidade na internet, poderá ser direcionado para essa Fanpage.

A foto de perfil da sua Fanpage pode ser: a sua foto de rosto e parte do jaleco, a logo da clínica ou do consultório. Ela tem o objetivo de lhe apresentar ao paciente (branding). Já a foto de capa que é grande e fica em cima da foto de perfil, deve ter o seu telefone, endereço e site de contato. Essa foto de capa tem como função informar do que se trata a sua Fanpage.

Basicamente, para se destacar, o médico deve se perceber como uma marca própria (marketing pessoal) e ter um site pessoal ajuda muito no processo de maior visibilidade. Neste sentido, ao se expor online, quer seja através de um site ou das redes sociais, o médico marca sua presença digital e pode ser encontrado por pacientes que procuram especialistas. Mas não basta ter um site, é preciso gerar valor e saber exatamente que mensagem quer passar e como passar. Idealmente o website deve conter informação relevante sobre os serviços prestados pelo médico, o seu histórico, os modos de atendimento, os contatos, a agenda etc.

Atualmente é fundamental ter um site responsivo, ou seja, um site que se ajusta à tela dos smartphones e tablets, pois 45% das pessoas navegam pela internet através destes. Sites que não se adaptam às telas dos celulares, ainda que perfeitos esteticamente, perdem visibilidade e audiência.

Para um site se tornar visitado e aumentar a visibilidade é importante que o profissional de saúde conheça e compreenda o que é o SEO (search engine optimization), pois esses recursos ajudam determinada página de um site a ficar nas primeiras posições de um mecanismo de busca como o Google. O SEO consiste em fazer de forma orgânica (gratuita) com que a página do seu site esteja nas primeiras posições, pois estar na primeira página significa 70% dos cliques.

Se o profissional tiver uma clínica ou consultório e quiser ser encontrado mais facilmente por seus pacientes, basta fazer uma conta grátis no Google Places, que em pouco tempo o seu endereço físico será cadastrado e divulgado pelo Google. Ao fazer a conta do seu consultório no Google Places, certamente mais pacientes irão lhe encontrar, pois o Google irá dar prioridade e mostrará o seu site. Acesse https://cloud.google.com/maps-platform/places?hl=pt-br.

É mais fácil para o paciente encontrar e se relacionar com médicos que têm perfil em mídias sociais. Seja para aumentar a autoridade do médico, no Facebook ou no Instagram ou no LinkedIn para criar relacionamentos com outros médicos. O LinkedIn é a rede social para profissionais. Não tem lugar melhor hoje em dia do que ter o seu currículo no LinkedIn, seja para procurar novas oportunidades na carreira ou para divulgar suas experiências na profissão. Muitas relações profissionais e indicações são do LinkedIn.

Os artigos médicos também dão visibilidade e constituem-se como uma forma ética e segura de fazer marketing, possibilitando ao médico divulgar o seu conhecimento, entrar em contato com novos pacientes e ajudar a população com informações valiosas sobre doenças e lesões.   Ao divulgar um artigo e anunciar com estratégia, principalmente no Google Adwords, o médico atua de modo ético e utiliza uma das ações mais efetivas para atrair novos pacientes para o consultório.

A internet trouxe para a vida das pessoas a facilidade de se comunicar e o médico deve aprender a se comunicar e relacionar periodicamente com os pacientes através de e-mail, redes sociais e whatsApp.

As redes de comunicação globalizadas, cada vez mais rápidas e eficientes, permitem que qualquer um possa emitir avaliação de desempenho do médico e este deve acompanhar as críticas emitidas nas redes sobre o seu trabalho e saber agir. Mais da metade dos pacientes procuram por avaliações online sobre profissionais na hora da escolha.

O Facebook é a rede social mais utilizada no país e é lá que você vai encontrar e interagir com os seus pacientes. Para criar uma Fanpage e divulgar o seu consultório ou clínica é preciso ter um perfil pessoal no Facebook, que vai servir para administrar a página. Você pode incluir outros perfis e definir níveis de atuação deles (Administrador, Editor, Moderador, Anunciante, Analista). O Administrador é quem controla toda a página, sem restrições.

O Facebook é um site gratuito, mas você pode investir e utilizar o Facebook Ads para impulsionar suas postagens, criar anúncios para públicos específicos e para finalidades específicas – aumentar as curtidas da página e levar tráfego para o seu site, por exemplo. Você define o quanto quer gastar com cada anúncio e impulsionamento.

O Twitter é mais dinâmico que o Facebook e tem as postagens limitadas a 140 caracteres, assim, a velocidade de interação é muito maior. As postagens são curtas, passam aos montes pela timeline e é importante avaliar se os seus pacientes realmente estão presentes ali, porque o esforço para alcançar o seu público nessa mídia é muito maior. No Twitter você não adiciona amigos ou curte páginas, mas segue perfis. Não há diferenciação de formato entre perfis pessoais e empresariais, pois funcionam da mesma forma e têm a mesma aparência. O Twitter criou as hashtags, escritas com o símbolo #, para indexar palavras-chave ou tópicos e permitir que as pessoas sigam os tópicos de seu interesse. Existe um ranking dos assuntos mais comentados por cidade, país e a nível mundial, os chamados Trending Topics.

O Twitter também tem uma ferramenta de anúncios própria, o Twitter Ads. Nela, é possível "promover" tweets, perfis e até assuntos. A ferramenta mostra o seu tweet patrocinado para usuários que interagem com perfis semelhantes ao seu ou que pesquisam por determinado assunto, utilizando as informações pessoais de cadastro e uso da rede para direcionar os anúncios mais interessantes para cada usuário. Você pode segmentar o alcance dos tweets e anúncios para públicos selecionados por sexo, interesses, idioma, dispositivo utilizado, localização e palavras-chave.

O foco no Instagram são as imagens, seja em fotos ou vídeos, sendo o texto considerado acessório ou secundário. Você pode utilizá-lo para divulgar seus serviços, manter contato com seus pacientes postando conteúdo útil e conquistar novos clientes. É possível marcar suas legendas com algumas hashtags, atraindo visibilidade para os posts. Assim, se você escolher uma tag muito utilizada, como "#consultorio", qualquer usuário que clicar nessa tag vai visualizar sua postagem em meio às que estão marcadas com ela. É interessante, por isso, lançar mão de hashtags mais específicas, como "#consultoriopediatrico", aumentando as chances de visualização. Invista em imagens que sejam mais limpas, sem muitos elementos, caso divulgue fotos de ambientes ou pessoas. Se optar por criar imagens com texto (como dicas, informações ou mensagens motivacionais), escolha fundos e fontes simples, que deixem o texto limpo. O mais importante é transmitir a mensagem de forma clara e objetiva. Não poste imagens como fotos de procedimentos cirúrgicos ou de doenças pois podem ser consideradas violação dos termos de uso do Instagram, além de potencialmente infringir as regras do CFM.

Os anúncios do Instagram são gerenciados no Gerenciador de Anúncios do Facebook. No Instagram, posts patrocinados podem ser veiculados nos formatos de fotos, vídeos e carrossel de imagens. É possível criar anúncios para gerar cliques e conversões no seu site, assim como mais visualizações nos seus vídeos, download de materiais etc. Os anúncios também aparecem identificados como "Patrocinado", assim como no Facebook e no Twitter. A segmentação de público pode ser feita de diversas formas: por idade, gênero, localização, interesses, dispositivo de acesso, público que acessou seu site ou para uma lista de contatos.

O LinkedIn é uma rede social de negócios criada no ano de 2003 com o objetivo de aumentar o networking entre profissionais de diversas áreas e a interação entre empresas e trabalhadores. Essa rede social está disponível em 24 línguas, conta com mais de 660 milhões de usuários no mundo todo e 40 milhões de usuários brasileiros. Apresenta diversos recursos para potencializar a interação profissional, tais como: o LinkedIn Pulse que é uma página para produção de artigos, semelhante a um blog; a Company Page que são páginas corporativas através das quais os usuários podem pesquisar sobre a sua clínica ou consultório, produtos e serviços, oportunidades de emprego; e grupos de interesse para interação entre os membros, através dos quais você constrói reputação na rede e potencializa oportunidades.

Constitui-se em uma ferramenta para pessoas que procuram se recolocar no mercado de trabalho ou encontrar uma nova empresa, para quem deseja estabelecer novos contatos e para empreendedores que buscam parcerias. Existem mais de 87 mil médicos cadastrados no Brasil e mais de 10 mil empresas da área de saúde cadastradas, o que faz do LinkedIn excelente rede para ganhar mais espaço e autoridade e interagir com profissionais do mundo todo. Nela você pode apresentar todas as suas formações, diplomas e demais títulos.

Para criar uma página no LinkedIn é preciso fazer o cadastro do seu consultório médico, escolher uma foto de perfil e apresentar um resumo do seu negócio. O LinkedIn abre espaço para que você solicite recomendações profissionais de quem conheça o seu trabalho, o que auxilia a encontrar emprego, um parceiro de negócios ou clientes.

Descreva as especialidades que o seu consultório atende e utilize essa ferramenta para gerar autoridade de modo a você se tornar referência no seu segmento. Recomenda-se criar uma boa identidade visual para sua página, usando imagens em seu perfil e capa que passem seriedade e profissionalismo, disponibilizar conteúdos de qualidade e otimizar seu perfil com palavras-chave específicas da sua especialidade. Ofereça artigos, podcasts, vídeos e outros tipos de mídia.

O networking é fundamental para fortalecer o seu consultório e você pode criar parcerias para ampliar o atendimento, oferecendo novas especialidades e melhorando a experiência do paciente que busca informações sobre enfermidades, tratamentos e especialistas. Ter um bom perfil no LinkedIn contribui para prospectar novos clientes.

O LinkedIn para médicos é uma ferramenta extremamente necessária para quem quer se destacar no mercado. Por esse motivo, é importante que você crie um perfil profissional, a fim de atrair a atenção de potenciais pacientes e futuros parceiros.

Um perfil atraente deve conter um resumo das principais habilidades do usuário, assim como os empregos mais relevantes, interesses e uma boa foto. Criar um perfil no Pulse para demonstrar suas habilidades e seus conhecimentos com a escrita e publicação de artigos. Se você tem uma empresa na área médica, invista em uma Company Page.

Após a criação do perfil, mantenha-o ativo e interaja curtindo e comentando publicações de colegas ou empresas de seu interesse, compartilhando informações e fornecendo recomendações. As publicações são imprescindíveis para quem tem um perfil médico no LinkedIn, pois você ganha mais visibilidade e credibilidade e pode surgir convite para novos contatos profissionais.

De um modo geral, pode-se afirmar que a simples presença do profissional de saúde nas redes sociais não gera visibilidade. É preciso manter um perfil atraente e atualizado, utilizar o mesmo padrão do seu site médico e de todos os seus outros perfis em diferentes mídias sociais. Mantenha postagens regulares pois é através dela que você se comunica com o seu público. Utilize um calendário editorial e através dele planeje a sua estratégia de publicação de conteúdo, deixando claro quando e o que será publicado. Através do calendário editorial você cria um cronograma para acompanhar o que você precisa escrever e qual a previsão de publicação. Você pode utilizar ferramentas editoriais para controlar a estratégia de marketing de conteúdo e gerenciar as suas mídias sociais através de agendamento de postagens.

- Com o Trello você visualiza todo o processo de marketing de conteúdo, desde a ideação à publicação. Possui um sistema de cartões de coluna para manter uma parte do conteúdo que está em produção. O Trello é gratuito para indivíduos, já empresas pagam mensalmente por cada membro da equipe. Acesse www.trello.com.

- O HubSpot é pago e especializado em centralizar todos os seus dados, ferramentas e equipe em um único local. Permite que você faça design para landing pages, postagens de blog e emails por conta própria, tendo acesso a várias ferramentas de SEO, trabalhos com blog e ferramentas de rede social e o auxilia a automatizar o seu marketing. Conheça https://br.hubspot.com.

- A Everypost é excelente ferramenta para compartilhar conteúdo visual no Facebook, Twitter, Google+, LinkedIn, Pinterest e Tumblr. Você pode agendar postagens para serem publicadas nos momentos mais convenientes para você. Pode publicar em perfis pessoais e páginas da empresa em dispositivos iOS e Android e na plataforma. Pode postar suas mensagens em todas as suas redes sociais de uma só vez, sem postar exatamente a mesma mensagem. A Everypost ajuda você a misturar seus tipos de postagem, para garantir que você publique uma mistura equilibrada de notícias do setor, tópicos populares e conteúdo promocional. http://everypost.me/pt.

- A Hootsuite permite que você agende publicações para publicar seu conteúdo no horário que preferir. Dependendo do plano escolhido, você pode postar em uma ampla variedade de contas sociais. Você pode criar postagens para publicação futura ou selecionar postagens existentes para postar no futuro. Suporta uma ampla gama de plataformas, incluindo contas pessoais, páginas de negócios e outros tipos de atividade social. Oferece um plano gratuito que limita o agendamento de 30 postagens em três perfis sociais. www.hootsuite.com.

- A Revelabit é um ferramenta brasileira que programa posts no Facebook e no Twitter. É possível agendar a programação de mais de uma conta ao mesmo tempo e é possível acompanhar as postagens com os relatórios que a ferramenta proporciona. Acesse https://www.revelabit.com.br.

- Através da Etus você pode agendar e impulsionar posts e gerir relatórios para Instagram, Facebook (incluindo Ads), Twitter, LinkedIn, YouTube, Pinterest, Tumblr e Google Analytics. A plataforma também oferece relatórios completos, captura de leads, aprovação de postagens e respostas a comentários e mensagens de Inbox e Direct.

- A mLabs permite o agendamento e aprovação de posts do Instagram, Facebook, Twitter, LinkedIn, Youtube e Pinterest.

É possível respostas, atendimento e criação de tags para o Inbox, Direct e WhatsApp; relatórios personalizados e dinâmicos para Instagram, Facebook, Twitter, Google Analytics e LinkedIn, além de acompanhamento em tempo real.

Uma outra rede social interessante para contatos profissionais é o Linkedin. Nesta rede é conveniente manter um perfil profissional. É como um cartão de visitas para o mundo dos negócios.

188

Capítulo IX
Empreendedorismo
na área da saúde

Os empreendedores são profissionais que se destacam no mercado de trabalho. Enfermeiros, fisioterapeutas, psicólogos, nutricionistas e médicos são pouco empreendedores. Preocupam-se em ter um bom conhecimento técnico e concentram seus esforços em cursos, congressos e pós-graduações que lhe capacitem mais e mais tecnicamente. Mas, na hora de venderem seus serviços, possuem grande dificuldade em cobrar por eles e em captar clientes. O mercado de trabalho mudou e hoje em dia são raros os empregos que duram a vida toda. A estabilidade no emprego está cada vez mais rara na área da saúde. É preciso sair da zona de conforto e inovar. Se você quer realmente mudar a sua mentalidade financeira, pense seriamente em empreender.

Empreendedorismo na saúde é um conjunto de comportamentos e ideias que levam à inovação na criação ou aprimoramento de produtos e serviços voltados ao setor. Cultivar um espírito empreendedor gera transformações pessoais e atitudes que promovem impactos profundos no mercado e na sociedade. Para empreender na saúde, montar uma nova empresa não é exigência: é possível inovar em sistemas, aplicativos, equipamentos e até na melhoria de processos.

O mercado de saúde no país compreende uma ampla gama de soluções, que vão desde as mais básicas, como hospitais e clínicas, até combinações entre saúde e bem-estar, com foco na melhoria da qualidade de vida das pessoas. Para se ter uma ideia, existem mais de 6.000 hospitais espalhados pelo Brasil. Dados do IBGE mostram que, em 2018, a população superou os 200 milhões de habitantes, o que faz do mercado brasileiro o 8º maior do mundo. O país também é reconhecido por oferecer ampla cobertura através do Sistema Único de Saúde. No entanto, o SUS não tem sido suficientemente eficaz para contemplar as necessidades da população, levando 20% a optarem por seguros privados. Mais de 50% das despesas na área são pagas pelos pacientes e famílias. Ou seja, os valores investidos em serviços particulares são altos, uma vez que o custeamento da saúde corresponde a 8,5% do PIB brasileiro, ou US$ 1.109 per capita.

Empreender não significa criar algo totalmente do zero. Procure resposta a problemas antigos ou uma nova abordagem a uma antiga demanda. Foque no conhecimento sobre o público e em suas limitações e interesses.

O empreendedor do setor de saúde deve ter em conta os desafios a serem enfrentados. O setor saúde combina diversos riscos, dentre eles o biológico, químico, ergonômico, sanitário e físico e o setor é fiscalizado e regulado por diversas entidades, tais como o Conselho Federal de Medicina, a Anvisa e o Ministério do Trabalho. Manter a documentação exigida, licenças de funcionamento e cumprir as exigências das atualizações do setor é trabalho contínuo.

Para o médico, a imagem mais comum de empreendedorismo é montar uma clínica ou abrir um consultório, mas há outras oportunidades de negócio, tais como: empresa de equipamentos médicos, aplicativos médicos, healthtechs, realidade virtual e gamificação, ebooks e cursos on-line.

Plano de negócio para profissionais de saúde

Para concretizar qualquer tipo de projeto é preciso planejamento. Antes de iniciar o projeto, deve-se analisar a situação, conhecer a localização do empreendimento, conhecer os concorrentes, avaliar o que sua empresa irá oferecer para se diferenciar e manter-se competitiva. Estabelecendo os objetivos é possível entender que recursos são necessários para concretizar o projeto e qual a melhor estratégia.

Os médicos que desejam empreender devem fazer um plano de negócio. Mesmo ao abrir um consultório, é fundamental avaliar os objetivos a serem atingidos e os recursos necessários, para ter certeza que o negócio é viável.

Você pode usar um *Business Model Canvas*, que foi criado por meio da pesquisa da tese de doutorado do suíço Alexander Ostewalder, em 2004 e publicado em 2010 sob o título de "Business Model Generation", cuja leitura recomendo. O Canvas é uma ferramenta de planejamento estratégico para negócios que ajuda a estruturar o modelo de negócio e definir processos de maneira ágil e prática. A ferramenta apresenta uma estrutura fixa de 9 blocos que devem ser preenchidos. Estes nove itens ficam dispostos lado a lado, facilitando a visualização e organização, construindo um modelo de negócio de maneira integrada e prática, de fácil visualização e consulta, servindo como um resumo dos pontos-chaves de um plano de negócios. Você terá em uma única folha a visualização de como o seu negócio irá operar, como irá gerar valor para o mercado e os principais fluxos e processos da atividade.

O que o Canvas contempla e o que cada item representa:

Para responder ao "Como?" você irá programar e manter o seu negócio, identifique:

- Rede de parceiros: as alianças de negócios que complementam os demais pontos do seu modelo de negócios. Quais são os principais parceiros e fornecedores do negócio? Você irá terceirizar serviços?
- Principais atividades: reunir as atividades mais importantes para executar a "proposição de valor da empresa", ou seja, o processo de definição de um produto. É importante deixar claro quais as atividades que você irá exercer: consultas, procedimentos, exames, etc.
- Recursos principais: recursos necessários para manter e dar suporte às atividades-chaves. Esses recursos podem ser humanos, financeiro, físicos ou intelectuais. Uma clínica ou consultório necessita de um local físico, aparelhos para exames, telefone, computador, atendente, etc.

Identifique o "O quê?" através da proposta de valor da sua empresa:

- Proposição de valor: são os produtos e serviços que são oferecidos pela empresa. Descreve a forma como a empresa se diferencia dos seus concorrentes e a razão pela qual os clientes compram de sua empresa e não de outra. É importante colocar valores específicos ou diferenciais como: "ser referência em atendimento pediátrico de qualidade".

3. Especifique o seu cliente "Para quem?" sua empresa é destinada:

- Segmento de clientes: qual é o público-alvo da empresa, ou seja, para quem sua empresa irá criar valor? Para quem irá oferecer os produtos? Identifique idade, gênero e classe social do paciente que você pretende atingir.

- Canais: os meios que a empresa utiliza para fornecer os seus produtos/serviços, incluindo estratégia de marketing e distribuição. Como o cliente recebe o seu serviço?
- Relacionamento com o cliente: a relação estabelecida entre a empresa e os diferentes segmentos de clientes. Pense na localização, na decoração do consultório, no site, presença nas redes sociais, etc.

4. Determine a estruturação financeira de toda a operação "Quanto?":

- Estrutura de custos: os custos gerados pelos meios utilizados no modelo de negócios. Faça uma simulação dos custos necessários para manter o negócio como aluguel, energia elétrica, telefone, etc. Quais são os recursos mais caros?
- Fontes de receita: o rendimento da empresa, a forma como ganha dinheiro através das suas variadas fontes de receita. Quais são as fontes de receita do negócio? Estabeleça o valor de todos os serviços e leve em consideração os convênios que você pretende atender.

Para ter sucesso com sua empresa considere com atenção:

- Defina o valor do investimento inicial necessário para implementar o plano de negócio previsto no Canvas.
- Avalie qual a forma mais adequada de tributação para a sua empresa e implante um sistema que facilite a gestão desses encargos.

- Evidencie as estratégias de divulgação do consultório, porém observe que estejam de acordo com o Código de Ética Médica.
- Analise o mercado da saúde: as políticas públicas, a economia local e global, o mercado, os concorrentes e fornecedores.
- Identifique os pontos fortes e as oportunidades do consultório, assim como as suas fraquezas e ameaças.
- Não misture contas pessoais com as do consultório, pois fatalmente levará ao descontrole de gastos.
- Avalie cuidadosamente o valor da consulta. Consulte o valor da consulta de colegas da área, considere o custo mensal do consultório e a capacidade de atendimento no mês. A renda do seu consultório deve cobrir as despesas de manutenção e operacionais, bem como gerar renda. O saldo final deve ser positivo.
- Utilize sistemas de gestão e ferramentas de controle das finanças do consultório que gerem relatórios acessíveis e de fácil avaliação. No caso de uma clínica, crie um setor financeiro ou terceirize essa atividade, mas procure acompanhar e entender o processo.

A atividade da sua empresa na área de saúde deve ser entendida como negócio e você deve se preocupar com a rentabilidade. Pesquise a possibilidade do mercado e ajuste as metas de sua empresa.

Conheça seu público-alvo: Sua estrutura, desde a sala de espera até os equipamentos adquiridos, deve ser escolhida de acordo com o perfil de seus pacientes.

Modelo de Negócios – Canvas

Quadro para gerar um modelo de negócio

www.businessmodelgeneration.com

Impostos para Médicos e Clínicas Médicas

Como você pode observar, a abertura de um consultório requer planejamento e você terá que escolher o regime de tributação que irá seguir, bem como gerir esses impostos de forma eficiente para que não haja atrasos ou impostos sem pagamento.

Abaixo, você poderá compreender quais os impostos que incidem na gestão de consultórios e clínicas. O ideal é definir com o contador, de acordo com seu faturamento, despesas e margem de lucro previstas, se a melhor opção de tributação é por pessoa física ou ainda por pessoa jurídica e qual será a modalidade tributária escolhida para o caso de pessoa jurídica.

Caso opte pela opção de faturamento como pessoa física (PF), o profissional será tributado pelo Imposto de Renda Pessoa Física (IRPF).

Quando o médico opta por não abrir uma empresa e passa a ser tributado pelo IRPF, ele deverá elaborar o Livro Caixa.

No Livro Caixa são registrados todos os pagamentos e recebimentos. Essa é uma ferramenta essencial para fins de imposto de renda, especialmente para profissionais liberais e autônomos. Através do Livro Caixa é possível deduzir algumas despesas: salário das secretárias, contas de consumo do consultório, gastos com materiais utilizados em procedimentos clínicos, livros técnicos e pagamento de inscrição de congressos da área.

Procure ficar atento às modificações ocorridas a partir da Instrução Normativa da Receita Federal do Brasil nº 1.531 publicada em dezembro de 2014, que determinou que a partir do ano-calendário de 2015, o profissional liberal, seja ele médico, dentista, psicólogos, psicanalistas, etc terá que fazer a identificação dos titulares do pagamento de cada um de seus clientes pagadores, sejam eles Pessoa Física ou Pessoa Jurídica.

Assim, a Receita Federal poderá cruzar as informações dadas pelos contribuintes. O Médico, Dentista e demais profissionais da área de saúde terão obrigação de declarar o CPF, a data e valor do serviço prestado no programa multiplataforma Recolhimento Mensal Obrigatório, conhecido como Carnê-Leão, ou na Declaração do Imposto de Renda Pessoa Física (DIRPF). Essa medida começou a valer a partir de 1º de janeiro de 2015. Ou seja, todos os recibos emitidos a partir desta data deverão, necessariamente, conter: nome e CPF do beneficiário do serviço, nome e CPF do pagador, data do serviço prestado e valor do serviço.

Essa informação precisa ser transmitida à Receita Federal através da apuração mensal via Carnê Leão, (programa multiplataforma de recolhimento mensal) ou deverá manter controles paralelos visando informar os valores recebidos, datas e CPFs (titular e beneficiário) na declaração de imposto de renda anual. Quem não identificar o CPF do cliente estará descumprindo uma obrigação acessória, que, pelo simples fato da sua inobservância, converte-se em penalidade.

Ao optar por abrir uma empresa, dependendo do tipo escolhido, o médico pode optar pelo Lucro Presumido, Lucro Real ou ainda pelo Simples Nacional.

Simples Nacional:

Um sistema especial de recolhimento de tributos federais, estaduais e municipais em um único documento, que reduz a carga tributária. Junta oito tributos em um único cálculo e pagamento: IRPJ, CSLL, PIS/PASEP, COFINS, IPI, ICMS, ISS e CPP.

Regime para micro e pequenas empresas que faturam anualmente até R$ 4,8 milhões (anteriormente era de R$ 3,6 milhões).

A tributação pelo Simples Nacional começou a vigorar em janeiro de 2015 e sofreu alterações agora em 2016, as quais entrarão em vigor em 2018. Uma emenda permite que profissionais liberais – incluídos os médicos – paguem menos impostos desde que 28% da receita bruta da pessoa jurídica seja gasta em pagamento de salários.

Com a migração da tabela V para a tabela III (condicionada ao critério da geração de empregos), a alíquota para a faixa de até R$ 180.000 de receita bruta em 12 meses cairá de 15,50% para 6%. Haverá a redução das alíquotas para diversas faixas: até R$ 360 mil de receita bruta anual (de 18% para 11,20%), até R$ 720 mil (de 19,50% para 13,50%), até R$ 1,8 milhões (de 20,50% para 16%), até R$ 3,6 milhões (de 23% para 21%). Já na faixa de até R$ 4,8 milhões a alíquota aumenta de 30% para 33%.

Lucro Presumido:

É a forma de tributação para médicos e clínicas médicas mais utilizada.

Nesse modelo, a mensuração do IRPJ (Imposto de Renda Pessoa Jurídica) e da CSLL (Contribuição Social Sobre o Lucro Líquido) tem como base uma margem de lucro específica, que muda de acordo com a área de atuação da empresa. A tributação está em torno de 11,33% de tributos federais sobre o faturamento + ISS que pode ser trimestral ou mensal de acordo com o enquadramento municipal.

Essa pode não ser a opção mais adequada, pois trabalha com uma tabela de tributação fixa e quando seu lucro for menor do que o estabelecido pela legislação, seu consultório vai pagar mais impostos do que deveria.

Lucro Real:

Tributação obrigatória para empresas da área médica que faturam acima de R$ 48.000.000,00 por ano.

É um regime de tributação que ocorre sobre o lucro líquido da empresa em determinado período.

Para calcular o valor da tributação, a empresa precisa saber qual foi seu lucro para realizar a base de cálculo do IRPJ e da CSLL. Se a empresa tiver prejuízo no ano, ela fica dispensada do pagamento do tributo.

Tipos de Impostos para Clínicas

Os tipos mais comuns de impostos em clínicas são o Imposto de Renda Pessoa Jurídica (IRPJ), a Contribuição Social sobre o Lucro Líquido (CSLL) e a Contribuição para Financiamento da Seguridade Social (COFINS). O COFINS é uma contribuição que incide diretamente sobre a receita bruta das empresas e tem por objetivo garantir a segurança social da população brasileira, em projetos como a Previdência Social e a Assistência Social.

Existem também o PIS (Programa de Integração Social) e o Instituto Nacional do Seguro Social (INSS), com incidência direta sobre a folha de pagamento e o recolhimento do Imposto sobre Serviço de Qualquer Natureza (ISS).

Imposto de Renda Pessoa Jurídica (IRPJ)

O imposto de renda para pessoas jurídicas (IRPJ) é um imposto específico para empresas com cadastros jurídicos. Esse imposto normalmente é declarado anualmente ou trimestralmente, nos meses de março, junho, setembro e dezembro. A alíquota recolhida pode variar de acordo com o modelo de tributação escolhido, mas geralmente é cobrado 15% de todo o lucro da empresa.

Considerações Finais

Se você chegou ao final deste livro, você adquiriu um conhecimento que pode potencialmente transformar a sua vida financeira. Parabéns pela companhia e persistência.

Mas a verdadeira transformação só irá acontecer se você estiver disposto a sair da sua zona de conforto e a ir além, pondo em prática o que aqui foi exposto.

Se você quer alcançar a Liberdade Financeira e não ser escravo do dinheiro, do salário e do consumo, tenha um firme propósito de vida e comece a investir.

O livro descreveu passo a passo como investir com segurança, conhecendo cada produto financeiro, adequando-o a seus objetivos e sabendo avaliar os riscos inerentes a cada um deles.

Adequar a escolha do tipo de investimento à etapa de vida na qual você se encontra e seus objetivos financeiros é uma tarefa menos complicada a partir de agora. Lembre-se que você é 100% responsável por suas finanças e eu tenho a certeza de que você é absolutamente capaz de saltar para o seu próximo nível.

Quer realmente ficar milionário? Faça uma viagem e descubra o que é verdadeiro em você, identifique o seu propósito de vida. Descubra a sua essência, a sua paixão, aquilo que te faz viver sentindo-se pleno e realizado.

Tenha real interesse pelas pessoas, pois amar e servir dá sentido a uma vida de abundância.

Um mundo de excelência o espera. Visualize e faça acontecer. Você recebeu as ferramentas, agora tome a atitude própria de um vencedor.

E mais uma vez, faço votos de que você tenha pleno controle de suas finanças, de modo a transcender as limitações e caminhar rumo à sua Liberdade Financeira.

Referências

ÀVILA, Flávia; Bianchi, Ana Maria, organizadores; tradução Motta, Laura Teixeira. Guia de Economia Comportamental e Experimental - 1ª ed. -São Paulo: EconomiaComportamental.org, 2015.

SALIN, Cleber Renê. Neuroeconomia – decisão do consumidor na hora da compra – Florianópolis, 2012.

FERREIRA, Vera Rita. Psicologia Economica. São Paulo: Campus 2008.

D'AQUINO, Cássia. Educação Financeira. Coleção ExpoMoney, 2007, 160 p.

HALFELD, M. Investimentos: como administrar melhor seu dinheiro. São Paulo:

Fundamentos 2004

CERBASI, Gustavo. Dinheiro: os segredos de quem tem. São Paulo: Gente 2003.

KIOSAKI, Robert; T. LECHTER, Sharon. Pai Rico Pai Pobre: Campus 2000.

LEAL, Douglas Tavares; MELO Sheilade. A Contribuição da Educação Financeira para a

Formação de Investidores.

LUQUET, Mara. Guia Valor Econômico de Finanças Pessoais: Ed. Globo 2007.

EXAME (2020). 10 dicas simples para passar pela crise sem perder dinheiro. Disponível em:

https://exame.com/seu-dinheiro/10-dicas-simples-para-passar-pela-crise-sem-nenhum-arranhao/.

Acesso em: 10 julho de 2020.

INFOMONEY (2020). Renda Fixa: tudo o que você precisa saber para começar a investir [S.I.].

Disponível em: https://www.infomoney.com.br/guias/renda-fixa/. Acesso em: 15 julho 2020.

INVESTIFICAR (2020). Como investir em tempos de crise. Disponível em: https://www.investificar.-

com.br/como-investir-em-tempos-de-crise . Acesso em: 15 julho 2020.

JUROS E BAIXOS (2018). Empréstimos. Por que o crédito rápido e fácil pode ser perigoso?. [S.I.]

Disponível em: https://jurosbaixos.com.br/conteudo/por-que-o-credito-rapido-e-facil-pode-ser-perigoso.

Acesso em: 12 julho 2020.

LENDICO (2018). Cheque especial ou cartão de crédito: quem é o vilão? [S.I.] Disponível em:

https://www.lendico.com.br/blog/cheque-especial-cartao-credito-quem-vilao/. Acesso em: 20 junho 2020.

MINHAS ECONOMIAS (2020). Evolução das taxas de juros de empréstimos [S.I.] Disponível em:

http://minhaseconomias.com.br/blog/dividas/chequ e-especial-e-credito-rotativo-cartao. Acesso em: 20 junho 2020.

MOREIRA, EDUARDO (2018). 10 aplicativos gratuitos para controle das finanças pessoais [S.I.].

Disponível em: https://edumoreira.com.br/10-aplicativos-gratuitos-para-controle-das-financas-pessoais

Acesso em: 20 junho 2020

TESOURO DIRETO (2020). Confira a rentabilidade de cada título [S.I.] Disponível em: https://www.tesourodireto.com.br/titulos/precos-e-taxas.htm . Acesso em: 22 junho 2020.

OCDE (2017). National Strategies for Financial Education. Disponível em: <http://www.oecd.org/daf/-fin/financial.education/nationalstrategiesforfinancial education.htm>. Acesso em: 20 julho de 2020.

VALOR INVESTE (2020). Coronavírus: 10 dicas para cortar gastos e organizar a vida financeira

durante a quarentena. Disponível em: https://valorinveste.globo.com/conteudo-patrocinado/glab/noticia/2020/03/23/coronavirus-10-dicas-para-cortar-gastos-e-organizar-a-vida-financeira-durante-a-quarent

ena.ghtml

Sobre a Autora

Sarita Varanis Ortega é médica formada há mais de 25 anos, com especialização em pediatria e atua nas subespecialidades de terapia intensiva pediátrica e neuropediatria. Estuda finanças pessoais e tem especial interesse em neuroeconomia e economia comportamental.